FILŌ autêntica

John Locke
CARTA SOBRE A TOLERÂNCIA

ORGANIZAÇÃO, INTRODUÇÃO, REVISÃO TÉCNICA,
NOTAS E COMENTÁRIOS Flavio Fontenelle Loque

TRADUÇÃO DO LATIM Fábio Fortes e
Wellington Ferreira Lima

TRADUÇÃO DO INGLÊS Flavio Fontenelle Loque

Copyright © 2019 Autêntica Editora

Título original: *Epistola de Tolerantia*

Todos os direitos reservados pela Autêntica Editora. Nenhuma parte desta publicação poderá ser reproduzida, seja por meios mecânicos, eletrônicos, seja via cópia xerográfica, sem a autorização prévia da Editora.

COORDENADOR DA COLEÇÃO FILÔ
Gilson Iannini

CONSELHO EDITORIAL
Gilson Iannini (UFMG); *Barbara Cassin* (Paris); *Carla Rodrigues* (UFJR); *Cláudio Oliveira* (UFF); *Danilo Marcondes* (PUC-Rio); *Ernani Chaves* (UFPA); *Guilherme Castelo Branco* (UFRJ); *João Carlos Salles* (UFBA); *Monique David-Ménard* (Paris); *Olímpio Pimenta* (UFOP); *Pedro Süssekind* (UFF); *Rogério Lopes* (UFMG); *Rodrigo Duarte* (UFMG); *Romero Alves Freitas* (UFOP); *Slavoj Žižek* (Liubliana); *Vladimir Safatle* (USP)

EDITORAS RESPONSÁVEIS
Rejane Dias
Cecília Martins

REVISÃO
Aline Sobreira
Bruna Emanuele Fernandes

CAPA
Alberto Bittencourt
(Sobre O Dragão Missionário, gravura de Godefroy Engelmann, 1686, a partir de ilustração de artista francês anônimo, séc. XVII. Museu Internacional da Reforma Protestante, Genebra, Suíça)

DIAGRAMAÇÃO
Waldênia Alvarenga

Dados Internacionais de Catalogação na Publicação (CIP)
(Câmara Brasileira do Livro, SP, Brasil)

Locke, John, 1632-1704.
  Carta sobre a tolerância / John Locke ; organização, introdução, revisão técnica, notas e comentários Flavio Fontenelle Loque ; tradução do latim Fábio Fortes e Wellington Ferreira Lima, tradução do inglês Flavio Fontenelle Loque. -- 1. ed. -- Belo Horizonte : Autêntica Editora, 2019. -- (Filô)

  Título original: Epistola de Tolerantia.
  ISBN 978-85-513-0636-9

  1. Filósofos - Inglaterra 2. Locke, John, 1632-1704 3. Tolerância religiosa I. Loque, Flavio Fontenelle. II. Fortes, Fábio. III. Lima, Wellington Ferreira. IV. Título. V. Série.

19-29903   CDD-192

Índices para catálogo sistemático:
1. Cartas : Filósofos ingleses 192
2. Filósofos ingleses : Cartas 192

Iolanda Rodrigues Biode - Bibliotecária - CRB-8/10014

Belo Horizonte
Rua Carlos Turner, 420
Silveira . 31140-520
Belo Horizonte . MG
Tel.: (55 31) 3465 4500

São Paulo
Av. Paulista, 2.073 . Conjunto Nacional . Horsa I
23º andar . Conj. 2310-2312 . Cerqueira César
01311-940 . São Paulo . SP
Tel.: (55 11) 3034 4468

www.grupoautentica.com.br

7 Locke e a tolerância
27 Nota sobre a tradução e a organização

31 **Carta sobre a tolerância**
John Locke

113 **Ao leitor**
William Popple

119 **Notas**

127 **Comentários**
129 Comentário à *Carta sobre a tolerância* de John Locke
175 Comentário ao prefácio de William Popple

178 Bibliografia comentada

Locke e a tolerância

Flavio Fontenelle Loque

Inverno europeu de 1689, meados de fevereiro. Locke embarca no navio *Isabella*, em The Briel, Holanda, com destino ao porto de Harwich, Inglaterra, de onde partiria para Londres e colocaria fim a um exílio de cinco anos e meio. Em setembro de 1683, quando optou por deixar seu país, seus medos eram a prisão e, talvez, a morte. Já haviam se passado os anos da Crise de Exclusão (1679-1681), a frustrada tentativa de retirar da sucessão real, pelo fato de ser católico, aquele que viria a se tornar Jaime II, mas as conturbações que eclodiram em junho de 1683, decorrentes do Complô de Rye House, suposto plano para assassinar Carlos II e seu herdeiro, fizeram recrudescer a tensão entre a Coroa e seus opositores. Era de se esperar que houvesse represália. Homem reservado, mas visceralmente envolvido com a política inglesa desde que, em 1666, conhecera, em Oxford, Anthony Ashley Cooper (1621-1683), o futuro primeiro conde de Shaftesbury, Locke anteviu o que lhe poderia advir. Os realistas sabiam de que lado ele estava, já que durante anos estivera muito ligado a Shaftesbury, expoente político dos *whigs*, em cuja casa residiu por mais de uma década. É difícil dizer se e em que medida Locke participou de conspirações, mas se pode afirmar com segurança que, nesse período, começo dos anos 1680, ele compunha os *Dois tratados sobre o governo* e, assim, elaborava uma apologia do direito de resistência ativa, ponto culminante de sua resposta ao absolutista Robert Filmer (*c.* 1588-1653), cuja obra *Patriarca: uma defesa do poder natural dos reis contra a liberdade inatural do povo* acabara de ser editada. Com a prisão e a morte de

alguns opositores da Coroa, como Algernon Sidney (1622-1683), Locke julgou que a retaliação poderia alcançá-lo; por causa disso, compôs um testamento e partiu às pressas para a Holanda, imaginando que talvez jamais pisasse novamente em solo inglês. Seu regresso se deu apenas quando Guilherme III e Maria II assumiram o trono. A Inglaterra que deixou atrás de si era muito diferente, portanto, daquela a que retornou, ao menos quanto ao cenário político. A chamada Revolução Gloriosa havia se consolidado.

Até voltar do exílio na Holanda, Locke não publicara nada de relevância filosófica: poemas em latim e inglês, participações na *Philosophical Transactions of the Royal Society*, recensões na *Bibliothèque Universelle & Historique*, além de um resumo em francês do *Ensaio sobre o entendimento humano*. Talvez tenha ainda participado da composição de *As constituições fundamentais da Carolina*, em 1669, e de um panfleto político anônimo, *Carta de uma pessoa de qualidade a seu amigo no campo*, impresso em novembro de 1675, cuja recepção negativa, provocada por seu caráter sedicioso, explicaria sua partida quase imediata para a França, onde permaneceria até maio de 1679 (Locke alegou, no entanto, problemas de saúde). Seja como for, o fato de até seu retorno do exílio na Holanda ele ter publicado relativamente pouco não significa que não tenha se dedicado à escrita: seus manuscritos, parte dos quais até hoje inéditos, comprovam o quanto ela era fecunda. Em 1689, porém, Locke resolveu dar a lume seu pensamento, ainda que duas das obras que então publicou não estivessem plenamente acabadas: um pedaço do primeiro dos *Dois tratados sobre o governo* se perdera, e o *Ensaio sobre o entendimento humano* padecia de certa prolixidade atribuída à sua redação descontínua. Nas edições subsequentes, Locke não buscou corrigir esses defeitos por ele próprio apontados, o que parece indicar que não os considerava assim tão sérios. Do ponto de vista filosófico, as obras se sustentavam. Como dito há pouco, os *Dois tratados* foram em boa parte compostos no início dos anos 1680 (entre 1679 e 1683, as datações variam), mas é certo que receberam acréscimos posteriores e que sua finalização se deu quando Jaime II já não era mais rei. A escrita do *Ensaio*, por sua vez, remonta a 1671, data de seus dois primeiros rascunhos, A e B, e se estendeu no mínimo até 1685, ano atribuído ao rascunho C. Publicados em Londres no outono europeu de 1689, os *Dois tratados* e o *Ensaio* foram impressos com o ano 1690, e apenas este último foi assinado por Locke. Sua obra política chegou ao público anonimamente, assim como a *Carta sobre a*

tolerância, a terceira grande publicação de 1689, esta ocorrida no mês de abril, em Gouda, Holanda, sob os cuidados de Philip van Limborch (1633-1712), a quem foi dedicada.

Escrita originalmente em latim no final de 1685, ela foi traduzida para o inglês por William Popple (1638-1708) logo depois de publicada e teve duas edições londrinas consecutivas: a primeira em outubro de 1689, e a segunda, corrigida, em março de 1690. É bastante conhecida a afirmação de Locke no codicilo a seu testamento de que essa tradução se realizou sem sua autorização ou colaboração (o original, "without my privity", tem sentido controverso), mas cabe ponderar que ele sabia de seu andamento (cf. *Correspondência*, ed. de Beer, v. III, 1147) e nada fez para impedi-lo. Mais do que isso, numa passagem da *Segunda carta sobre a tolerância* (ed. 1690, p. 10; *Works*, ed. 1823, v. VI, p. 72), Locke parece ter chancelado o resultado do trabalho de Popple, dizendo que poderia ter sido feito "mais literalmente", mas que o "tradutor não deve ser condenado" por expressar o sentido do texto com palavras mais vivas do que as do autor. Em sua tradução inglesa, a *Carta* recebeu um prefácio que, por ausência de identificação, não se podia saber que era do tradutor. Aos leitores atentos, contudo, ele deve ter gerado certo estranhamento, pois exaltava uma "liberdade absoluta" que não condizia com os limites à tolerância defendidos na *Carta*. Àquela altura, discutiam-se na Inglaterra duas alternativas para lidar com os conflitos religiosos: compreensão e indulgência, as quais, aos olhos de Popple, seriam uma paliativa, outra maléfica. Em carta a Limborch de 12 de março de 1689, Locke explica o que estava em jogo:

> A questão da tolerância foi assumida pelo Parlamento sob um duplo título, a saber: compreensão e indulgência. O primeiro significa a extensão das fronteiras da Igreja com vistas a incluir um maior número pela remoção de parte das cerimônias. O segundo significa a tolerância daqueles que ou não querem ou não são capazes de se unir à Igreja Anglicana nos termos oferecidos por ela (*Correspondência*, ed. de Beer, v. III, 1120).

A proposta de compreensão foi rejeitada, mas aprovou-se a indulgência na chamada Lei da Tolerância, de 24 de maio de 1689. Com ela, não foi abolida a legislação contra a dissidência religiosa, mas apenas suspensas as penas correspondentes a uma parte dessa legislação. Em termos práticos, isso significa que algumas discriminações foram preservadas,

como as decorrentes da Lei do Teste, em vigor desde 1673, cuja finalidade era assegurar que dissidentes não assumissem cargos públicos. Aos antitrinitários e aos católicos nada foi concedido. A ementa da Lei da Tolerância não deixa dúvida quanto a seu objetivo: "isentar os súditos protestantes de suas majestades, os quais são dissidentes da Igreja Anglicana, das penalidades de certas leis". Os anglicanos mantiveram assim seus privilégios, além de deixarem intocada a estrutura de sua igreja, que passou a coexistir a partir de então com as assembleias dos dissidentes, dado terem eles ganhado a concessão legal para realizar cultos públicos. Em nova carta a Limborch, agora de 6 de junho de 1689, Locke tece um comentário elucidativo a esse respeito:

> Sem dúvida você já deve ter ouvido isto: a tolerância, finalmente, foi agora estabelecida por lei no nosso país. Não talvez tão ampla em abrangência, como possam querer você e aqueles como você, que são verdadeiros cristãos e estão livres da ambição ou da inveja. Ainda assim, até agora, ela representa um progresso. Espero que com essas primícias tenham sido lançadas as fundações daquela liberdade e paz na qual a igreja de Cristo há de um dia se estabelecer. Ninguém está inteiramente impedido de realizar seu próprio culto ou suscetível a penalidades exceto os romanos, a menos que estejam dispostos a fazer o juramento de aliança e a renunciar à transubstanciação e a certos dogmas da Igreja Romana (*Correspondência*, ed. de Beer, v. III, 1147).

Como se pode notar, a Lei da Tolerância não trouxe nenhum benefício para os católicos, que só eram admitidos depois de renunciar à supremacia do papa – era esse o intuito do juramento de aliança, que remonta a 1605, ano da Conspiração da Pólvora – e de renegar alguns de seus dogmas constitutivos, como a transubstanciação no sacramento da eucaristia. Aceitavam-se os católicos, portanto, desde que... deixassem de ser católicos! Deve-se notar aqui, contudo, que há dois elementos em questão: um de natureza política, outro de natureza doutrinal. Ao menos para Locke, como claramente se percebe na *Carta*, a rigidez e a pluralidade dogmática geram divergências que poderiam ser evitadas, e ele chega a defender, na obra *A razoabilidade do cristianismo* (1695), que de um cristão deve-se exigir assentimento a apenas uma proposição: Jesus Cristo é o Messias (e, a rigor, a alguns artigos que lhe são concomitantes: o de que Jesus ressuscitou e de que é o legislador e juiz supremos; cf. *RC*, §§ 291, 301). Todas as outras crenças seriam inessenciais para a salvação

e nunca deveriam justificar a separação entre os cristãos. Como atesta o *post scriptum* à *Carta*, esse mesmo raciocínio se aplica ainda aos ritos e implica uma redução ao mínimo das "coisas necessárias" em oposição às "indiferentes" à salvação. No léxico teológico da época, esse modo de conceber a religião cristã recebia o rótulo de latitudinário e era um dos traços precípuos dos arminianos (ou remonstrantes), com quem Locke haveria de se identificar na Holanda, pois eles também faziam desse minimalismo em religião uma das razões para a tolerância. Quanto à submissão ao papa, ela realmente era um perigo, supunha-se, pois, em caso de desentendimento entre Roma e Londres, os católicos poderiam trair o rei de que eram súditos. É assim que, na *Carta*, mas também já no *Ensaio sobre a tolerância*, escrito em 1667, Locke reivindica a exclusão dos católicos.

Na Inglaterra do século XVII, ao se tratar da tolerância, discutia-se a possibilidade de convívio entre os anglicanos, adeptos da igreja oficial, o heterogêneo grupo dos dissidentes (entre os quais presbiterianos, independentes, *quakers* e batistas se destacavam) e os católicos. Ao longo da Dinastia Stuart, iniciada com Jaime I em 1603, os avanços e recuos relacionados à tolerância em certa medida espelharam os embates entre a Coroa e o Parlamento, cujos pontos culminantes foram a deposição de Jaime II (1688) e, anos antes, as guerras civis (1642-1649) que levaram ao regicídio de Carlos I, em 29 de janeiro de 1649, e à instauração temporária da República. Durante todo esse período, debatia-se de maneira acirrada a limitação do poder real e o papel que a Câmara dos Lordes e dos Comuns deveria desempenhar, criando-se assim um espectro político variegado – de absolutistas defensores do direito divino aos *levellers* – no qual a liberdade e a igualdade dos indivíduos era um componente nuclear e controverso. Não é à toa que Locke precisou afirmar na *Carta* que a igreja é uma associação voluntária. Uma das dimensões políticas da religião no início da Modernidade revela-se justamente no esforço por parte do poder civil em impor uma religião comum a todos os súditos. Veja-se, a esse respeito, o caso mais emblemático de todos: a situação dos protestantes na França depois da revogação do Edito de Nantes (1685).

Ao longo de sua vida, caso se compare o *Primeiro* (1660) e *Segundo* (*c.* 1662) *Opúsculos sobre o governo* com a *Carta sobre a tolerância*, é fácil perceber que a posição de Locke se alterou substancialmente. Num primeiro momento, em resposta à obra *A grande questão sobre as coisas*

indiferentes no culto religioso (1660), de Edward Bagshaw (1629-1671), ele conferia ao poder civil um direito de regulação que, a seus olhos na maturidade, haveria de parecer não apenas excessivo, mas também contraproducente. Ao discutir na *Carta* o pretenso caráter sublevador das assembleias religiosas de dissidentes, Locke argumenta que sedições e conjurações não têm relação alguma com a confissão religiosa de quaisquer das igrejas dissidentes, mas com a discriminação a que estavam submetidas. Estivessem elas livres para atuar, que razão poderiam ter seus membros para se rebelar contra o poder civil? No fundo, a tentativa de instituir uma uniformidade referente à doutrina e ao culto é a grande razão dos conflitos. Em Locke, ou melhor, no Locke que emerge a partir do *Ensaio sobre a tolerância* (1667), os limites do que é tolerável continuam a se justificar por razões políticas (inclusive no caso dos ateus, cuja exclusão se deve às implicações práticas de sua descrença), mas essas razões não mais chegavam ao ponto de admitir que o poder civil concebesse e regulasse as "coisas indiferentes" tal como defendido nos *Dois opúsculos sobre o governo*. A Limborch, em 10 de setembro de 1689, Locke escreveu:

> Os homens sempre diferirão em questões religiosas e os partidos rivais continuarão a discutir e guerrear entre si a menos que o estabelecimento de uma liberdade igual para todos crie um vínculo de caridade mútua por meio do qual todos possam se reunir num único corpo (*Correspondência*, ed. de Beer, v. III, 1182).

Se há unidade possível, portanto, ela não há de decorrer da uniformidade, mas da admissão das diferenças. Em termos políticos, isso significa que o poder civil deve transferir para os indivíduos a responsabilidade por sua própria salvação. Conforme sua consciência, cada um deve aderir às crenças e cultos que julgar adequados e, assim, cultuar a Deus da maneira que lhe parecer correta, desde que não afete a ordem pública. A tolerância precisa ter limites, afinal, mas convém observar que suas fronteiras não são demarcadas pela errância dos indivíduos (admitindo-se que ela exista) na busca da salvação: o erro de alguém pode lhe causar a própria miséria, mas é inócuo para os outros, como afirma Locke na *Carta*. Os limites à tolerância apenas se justificam tendo em vista o que ameaça a sociedade enquanto organização política, e isso jamais ocorre quando alguém se perde no caminho para Deus. Evidentemente, Locke não despreza o cuidado pastoral com os errantes, que chega a ser um

dever para os cristãos, mas esse cuidado tem de se realizar sem o uso da força e nunca pode estar a cargo do poder civil.

Estado e Igreja têm finalidades diferentes: a um cabe a preservação e promoção dos bens civis; a outro, o cuidado da alma com vistas à vida eterna. Interferências mútuas são necessariamente deletérias. Essas duas definições, no entanto, não constituem um argumento a favor da tolerância. A rigor, elas apenas refletem a tese central da *Carta*: a necessidade de se distinguir os fins do Estado e da Igreja. Por que, no entanto, o cuidado com a salvação das almas não deve pertencer ao Estado? Em sua resposta a esse problema, Locke se vale de algumas razões, como a de que o uso da força é inútil na formação de crenças: como poderia o Estado cuidar da salvação das almas, se o único meio de que dispõe é incapaz de alcançar o objetivo pretendido? Dado que o entendimento humano não pode ser demovido senão por argumentos, é impossível que a coerção altere a crença dos indivíduos e os faça acreditar na verdade que os salvaria. O máximo que a coerção faz é gerar hipócritas, supostos convertidos que almejavam, isso sim, livrar-se da perseguição. Eis, portanto, o mais célebre (e debatido) argumento para se distinguir os fins do Estado e da Igreja: meio de atuação característico do poder civil, a força é inadequada para a formação de crenças, o que significa que o cuidado com a salvação não pode ser uma finalidade do Estado.

Acontece, entretanto, que o argumento da inadequação da força desempenha ainda outro papel no raciocínio de Locke. Se esse argumento prova que o Estado não detém os meios apropriados para converter as almas, ele também opera como uma razão para explicar por que motivo os indivíduos jamais confiariam ao poder político o cuidado com a salvação das almas, caso lhes coubesse determinar seus fins. Que sentido poderia haver em conceder ao Estado o cuidado com a salvação das almas, se lhe falta um instrumento propício para tanto? Sob essa perspectiva, o argumento da inadequação da força acaba por se entrelaçar a outro, que se pode bem chamar de argumento do encargo, o qual permite que se perceba com clareza que, em última instância, o que está em jogo na distinção entre os fins do Estado e da Igreja é a legitimidade do poder político. Ao defender a tolerância religiosa, o intuito de Locke não é advogar a favor de uma política estatal, mas da delimitação do próprio Estado, cujas funções são contrastadas com as da Igreja.

Pouco depois de publicada, a *Carta* ensejou a composição de duas críticas. A primeira, ainda em 1689, por Thomas Long (1621-1707):

A "Carta sobre a tolerância" decifrada e o absurdo e impiedade de uma tolerância absoluta demonstrados, que Locke não se deu ao trabalho de responder diretamente. A segunda, em 1690, foi *O argumento da "Carta sobre a tolerância", brevemente analisado e respondido*, de Jonas Proast (*c.* 1642-1710), capelão do All Souls College, em Oxford (1677-1688, 1692-1698), mais tarde arcediago de Berkshire (1698-1710), com quem Locke travou uma controvérsia que se estendeu até o final de sua vida: a *Quarta carta sobre a tolerância* é inacabada e veio a público apenas na edição das *Obras póstumas*, de 1706. Sempre sob o gênero epistolar e de maneira anônima ou pseudonímica, essa controvérsia – um total de quase 600 páginas! – compõe-se das seguintes publicações:

(i.a) LOCKE. *Carta sobre a tolerância* (Gouda, 1689), anônima; tradução inglesa de William Popple, acrescida de Prefácio do tradutor (Londres, 1. ed.: 1689; 2. ed. revista: 1690);

(i.b) PROAST. *O argumento da "Carta sobre a tolerância" brevemente analisado e respondido* (Oxford, 1690), anônimo;

(ii.a) LOCKE. *Segunda carta sobre a tolerância* (Londres, 1690), assinada por Filantropo;

(ii.b) PROAST. *Terceira carta sobre a tolerância* (Oxford, 1691), anônima;

(iii.a) LOCKE. *Terceira carta sobre a tolerância* (Londres, 1692), assinada por Filantropo;

(iii.b) PROAST. *Segunda carta ao autor das Três cartas sobre a tolerância* (Oxford, 1704), assinada por Filocristo;

(iv.a) LOCKE. *Quarta carta sobre a tolerância* (Londres, 1706, *Obras póstumas*).

Tomando como medida as datas de publicação, a troca de cartas foi bastante intensa em seus anos iniciais, mas ficou interrompida por mais de uma década, até que Proast reacendeu o debate, incitado por uma publicação anônima ocorrida em 1704, *O caráter justo e imparcial do clero da Igreja Anglicana*, e pela obra *Os direitos dos dissidentes protestantes*, de John Shute (1678-1734), cuja primeira parte também saiu naquele ano. A bem da verdade, a maturidade e a velhice de Locke foram marcadas por diversos embates teóricos, nos quais ele se engajou sem reservas. Outros dois desses embates, centrados em implicações teológicas de seus escritos, deram-se com Edward Stillingfleet (1635-1699), a propósito do *Ensaio sobre o entendimento humano*, e com John Edwards (1637-1716), acerca de *A razoabilidade do cristianismo*. Anos antes, Locke já se contrapusera

a Stillingfleet, mas tendo a tolerância como tópico: seu objetivo era responder ao sermão *O dano da separação* (1680) e, em especial, à obra *A irrazoabilidade da separação* (1681). Esse primeiro confronto entre eles, porém, continua muito desconhecido, já que a *Defesa da não conformidade* (ou *Notas críticas*) de Locke, datada de 1681-1682, permanece inédita. De forma pública e detalhada, tratando especificamente da tolerância, foi mesmo com Proast que Locke haveria de debater, já que seus outros principais escritos sobre o tema, datados dos anos 1660, também foram pela primeira vez publicados em sua totalidade só muito tardiamente: o *Ensaio sobre a tolerância*, em 1876, na *Vida de John Locke*, de H. R. Fox Bourne; os *Dois opúsculos sobre o governo*, em 1961, numa edição preparada por C. A. Viano.[1]

A crítica de Proast a Locke busca derrubar a tese da distinção entre os fins do Estado e da Igreja. De sua perspectiva, há um único argumento para sustentá-la, o da inadequação da força, e esse argumento é falho. A força pode sim, pensa Proast, contribuir para a formação de crenças. Muitos indivíduos, tidos por ele como opiniáticos, recusam-se a considerar as razões que lhes são apresentadas para avaliar suas crenças, o que significa dizer que um apego irracional os impede de dar ouvidos a argumentos ou posições que lhes são contrários. Frente a tal fechamento e excetuando-se a atuação da graça divina, só uma alternativa se coloca: o uso da força. Ainda do ponto de vista de Proast, a força desempenha um papel "indireto e à distância" na formação de crenças: de fato, ela é incapaz de gerá-las, mas pode fazer com que os indivíduos, ao serem

---

[1] Há ainda escritos menores, por assim dizer, uma série de notas e cartas em que Locke trata da tolerância, nenhum dos quais publicados ao longo de sua vida. Em sua correspondência, além do diálogo com Limborch, vale destacar as cartas a Henry Stubbe de setembro de 1659 e a Boyle de 12/22 dezembro de 1665 (*Correspondência*, ed. de Beer, v. I, 75 e 175, respectivamente). Quanto às notas, pode-se lê-las nos *Ensaios políticos* (2002, trad. br. 2007) e, de maneira mais completa, na *Carta sobre a tolerância e outros escritos* (2010), editados por Goldie. Entre essas notas, considerando o embate de Locke com seus contemporâneos, convém mencionar o manuscrito *Sobre Samuel Parker*, datado de 1669 ou 1670, escrito em resposta a *Um discurso de governo eclesiástico*, publicado em 1669 (mas datado de 1670) por S. Parker (1640-1688). Nesse mesmo sentido, convém destacar ainda o manuscrito *Razões para tolerar os papistas assim como os outros* (1667-1668), descoberto em 2015 e apresentado ao público em 2019 por J. C. Walmsley, no qual Locke se baseia na obra *Liberdade de consciência: o interesse do magistrado* (1668) de Charles Wolseley (1629/30-1714).

obrigados a analisar o que antes desprezavam, sejam levados a elaborar uma reflexão que de outro modo não elaborariam e, por conseguinte, a mudar de crença. Sendo assim, caso se possa atribuir à força essa capacidade, deve-se admitir que ela seja um meio passível de ser usado na salvação das almas; mais do que isso, caso se reconheça que há ainda a necessidade de usá-la, pode-se então defender que o Estado a empregue na promoção da religião ou, nos termos de Proast, da verdadeira religião. Se ao poder político cabe cuidar dos bens civis, por que ele haveria de se abster da tarefa infinitamente mais importante de salvar as almas, se isso pode estar a seu alcance? Não se justificaria, portanto, a distinção entre os fins do Estado e da Igreja.

Essa crítica provocou vários desdobramentos conceituais no debate entre Locke e Proast. A título introdutório, contudo, convém delinear duas linhas argumentativas a partir das quais se pretende justificar a maior ou menor amplitude dos fins do Estado: por um lado, inevitavelmente, a discussão sobre a utilidade da força na formação de crenças; por outro, a divergência sobre o conhecimento que se pode alcançar da verdadeira religião. Quanto à força, Locke inicialmente parece conceder que, ao menos em certa medida, ela pode sim ter uma utilidade indireta, mas, à medida que a controvérsia se desenvolve, fica claro que, a seus olhos, se a força porventura vier a produzir o efeito desejado, ele será apenas fruto do acaso. Essa afirmação basta para que Locke mantenha sua tese fundamental, mas ele busca corroborá-la alegando que, mesmo se a força fosse útil, seria impossível aplicá-la sem que ocorressem injustiças e sem que se causasse, no cômputo geral, mais dano do que bem, de modo que os indivíduos jamais concederiam ao Estado o direito de empregá-la em questões religiosas. Entre as objeções que podem ser levantadas à aplicação da força, talvez a mais importante seja a seguinte: como efetivamente saber quando alguém já analisou os argumentos que lhe são apresentados? Ou a conversão é o único sinal de que alguém refletiu como se deve? Dada a natureza própria do entendimento, que é íntima ou interna, não há um critério exterior que permita estabelecer quando a reflexão se fez a contento, e, por conseguinte, torna-se impossível determinar por quanto tempo e a que grau de força um dissidente deve ser submetido. No limite, como se pode saber o que se passa na mente do dissidente que está sendo subjugado? A que sinal se pode recorrer para pôr fim à submissão exceto a conversão? Quem garante, contudo, que ela seja sincera? E os adeptos da religião oficial, eles de fato refletiram sobre sua crença? Caso

alguns deles não o tenham feito, não deveriam também, por coerência, ser subjugados? Por tudo isso, ainda que se conceda abstratamente a utilidade "indireta e à distância" da força na conversão das almas, seria inevitável que seu emprego não resultasse em abusos, o que significa que os indivíduos sob hipótese alguma atribuiriam ao Estado a tarefa de cuidar da salvação.

O uso da força em questões religiosas é tanto mais reprovável porque, justificado à moda de Proast, parece pressupor ser impossível que, depois de refletir sobre os argumentos favoráveis à (suposta) verdadeira religião, um dissidente mantenha sua crença de uma maneira que se possa classificar como intelectualmente respeitável. A resposta de Locke à crítica que recebera explora, assim, uma segunda linha argumentativa, a qual explicita o dogmatismo de seu adversário, que tende a supor que a dissidência sempre resulta de uma falha ao mesmo tempo moral e intelectual. Aos olhos de intolerantes como Proast, há razões suficientes para que se reconheça e creia na verdadeira religião, de modo que toda dissidência é tida não simplesmente como um erro, mas também como opiniaticidade ou até malícia. Trata-se de uma posição que classifica a crença religiosa dos indivíduos em certas e erradas, como se a distinção entre verdade e falsidade fosse inconteste e como se todo erro (ou suposto erro) só pudesse decorrer de alguma forma de desvio. Já na *Carta*, Locke se opôs radicalmente a esse tipo de postura, ao afirmar que "cada um é ortodoxo para si mesmo". O que ele defende, tal como desenvolvera no *Ensaio sobre o entendimento humano*, é que em assuntos religiosos é impossível realizar demonstração, exceto da existência de Deus (cf. *Ensaio*, IV.10). Demonstrar a existência de Deus, todavia, não implica demonstrar a verdade desta ou daquela religião, tampouco desta ou daquela igreja. Essas crenças não passam de opinião ou fé, jamais se enquadram na categoria de conhecimento.

Quando, ainda no início da *Carta*, Locke identifica com clareza três argumentos para sustentar a distinção entre os fins do Estado e da Igreja (sendo os dois primeiros o da inadequação da força e o do encargo), ele implicitamente recorre, no terceiro deles, à contraposição entre conhecimento e crença. Seu intuito é provar que, mesmo que se concedesse ao Estado a função de cuidar da salvação das almas e que a força fosse um meio adequado para tanto, isso redundaria num absurdo, pois diversas religiões seriam impostas, cada uma num país diferente. A razão é simples: em cada Estado, o detentor do poder político toma a

sua própria religião como a verdadeira. E por que isso acontece? Porque todos estão convictos de que possuem a verdade. A insistência de Proast de que a força deve ser usada na promoção da religião radica-se, pois, não apenas na constatação de sua utilidade "indireta e à distância" e na pretensa necessidade de que seja empregada, mas também na suposição de que há uma verdadeira religião, perfeitamente cognoscível, única em nome da qual seria legítimo recorrer à força. É apenas em nome da verdade, dessa verdade que se quer detentora de provas seguras, que se justifica a imposição. Ironicamente, justo esses que acusam os outros de serem opiniáticos são os que colocam sua própria crença acima de qualquer suspeita. Não resta dúvida: a pretensão de possuir a verdade é a raiz da intolerância.

Como dito há pouco, Locke não considera que a verdadeira religião seja demonstrável, mas isso nunca o impediu de crer no cristianismo e de ser adepto da Igreja Anglicana. Afirmar a limitação do conhecimento humano em assuntos religiosos não implica tornar-se ateu ou agnóstico. Talvez a maior consequência da crítica à pretensão à verdade seja uma mudança de ênfase na vida religiosa: mais do que a doutrina, há que se valorizar a ação. Para Locke, e o preâmbulo da *Carta* é um belo exemplo disso, sobretudo na menção ao capítulo 5 da *Epístola aos Gálatas*, em que Paulo fala da "fé agindo pela caridade" (*Gl* 5:6), o mais importante é buscar a virtude, o amor ao próximo; em suma, viver segundo o exemplo de Cristo. Locke critica ferrenhamente todas as pessoas, em especial os clérigos, cujas preocupações se concentram nos dogmas e em sua imposição, tantas vezes cruel, aos outros. A seus olhos, eles esquecem o fundamental, se é que não se valem da religião para mascarar interesses escusos. Falando metaforicamente, não raro é de suspeitar que eles estejam mais interessados no benefício do velocino do que no alimento da ovelha (cf. *Ensaios políticos*, *Tolerância A*, p. 286). Ainda no preâmbulo da *Carta*, afirma-se com todas as letras que aqueles que são coniventes com vícios opõem-se muito mais à glória de Deus do que os dissidentes que têm uma vida inocente.

Esse modo de compreender a religião cristã, que, assim como o latitudinarismo, é afeito à perspectiva dos arminianos, acaba por se constituir num novo argumento a favor da tolerância. Nesse sentido, o Evangelho e a razão confluem em sua defesa, como o próprio Locke admite, resguardados os limites políticos para que a ordem pública não seja afetada. Na *Carta*, porém, Locke não chega a mencionar outras

interpretações da Sagrada Escritura, notadamente a de Agostinho (354-430), arauto dos intolerantes, que buscou justificar a perseguição a partir de algumas passagens bíblicas, como a célebre parábola do banquete, tal como ela ocorre em *Lucas* (14:15-24). Coube a Pierre Bayle (1647-1706) o enfrentamento direto de Agostinho numa obra em quatro volumes, publicados de 1686 a 1688, intitulada *Comentário filosófico sobre essas palavras de Jesus Cristo "Obriga-os a entrar".*

No início da Modernidade, defender a tolerância religiosa significava, nos termos mais concretos possíveis, opor-se ao uso da força nas questões religiosas, isto é, opor-se à tortura, à prisão, à taxação, ao confisco, à pena capital e ao exílio, explicitando as injustiças ou abusos constitutivos da busca pela uniformidade religiosa. Tal como Locke escreveu em carta a Limborch, se há alguma unidade alcançável entre os membros de uma sociedade, ela não decorre nem pode decorrer da perseguição. Não se chega a fazer, entretanto, uma apologia da diversidade como algo intrinsecamente valioso. Locke a defende, antes, como alternativa à uniformização, que é politicamente insustentável. Sob essa perspectiva, muito embora o *Segundo tratado sobre o governo* não aborde diretamente o tema da tolerância, pode-se dizer que a defesa da dissidência religiosa por meio da distinção entre os fins do Estado e da Igreja é análoga à crítica ao absolutismo. Num caso e noutro, trata-se de salvaguardar para os indivíduos um âmbito de liberdade e direito que deve estar protegido de qualquer intervenção arbitrária, isto é, de qualquer intervenção que extrapole os fins passíveis de serem atribuídos ao governo civil.

Em síntese, tomando a *Carta sobre a tolerância* em sua totalidade, é possível afirmar que Locke se opõe às três grandes linhas a partir das quais a intolerância era tradicionalmente defendida: em primeiro lugar, no que se refere ao aspecto político, discordando que a dissidência por si mesma tivesse qualquer caráter faccioso; em segundo, do ponto de vista eclesiástico, fomentando uma posição conciliadora em termos de doutrina e culto, ao defender que se enfatizem os elementos mínimos fundamentais da religião cristã: acima de tudo, importa a vivência ou prática cristã, não as discussões abstratas; em terceiro lugar, quanto à teologia, resguardando ao indivíduo a capacidade e o direito de buscar livremente a salvação da própria alma sem que isso implicasse que os dissidentes pudessem afetar os outros, influenciando-os negativamente.

A defesa de Locke da tolerância jamais se deu em causa própria, no entanto. Como já dito, ele era cristão e anglicano, embora talvez tenha

sustentado posições heterodoxas no final de sua vida. Seja como for, o fato é que Locke considerava a religião um elemento essencial para a compreensão da própria humanidade. É com referência a Deus e à criação, por exemplo, que se fundamenta a moral (cf. *Ensaio sobre o entendimento humano*, I.iv.8) e que se justificam a igualdade e a liberdade dos indivíduos (*Segundo tratado sobre o governo*, §§ 4, 6). Nos *Ensaios sobre a lei da natureza* (particularmente no sétimo), chega-se inclusive a falar em dever natural de cultuar a Deus. Por causa disso, a defesa da distinção entre os fins do Estado e da Igreja não deve ser entendida como uma apologia de uma visão secularizante do mundo e da existência humana. Entre outras crenças, Locke sempre sustentou que há vida após a morte e que ela é mais importante do que a vida presente. Ao reivindicar a tolerância, Locke não almeja diminuir o valor da religião, e sim assegurar que o exercício religioso dos dissidentes não sofra restrições nem seja autorizado como uma mera concessão ou indulgência; desde que não afetem os bens civis dos outros, todos os indivíduos devem ter direitos iguais à crença e ao culto.

Nascido em 1632 e tendo testemunhado os eventos maiores da história inglesa do século XVII (as guerras civis, o regicídio de Carlos I, a República, o Protetorado de Cromwell, a Restauração da monarquia, a Revolução Gloriosa), Locke participou das principais questões políticas e intelectuais do seu tempo, que incluíam ainda, no campo filosófico, os avanços na ciência. Para além da composição do *Ensaio sobre o entendimento humano*, no qual se nota a presença de René Descartes (1596-1650) e Pierre Gassendi (1592-1655), cujas obras Locke conheceu no final dos anos 1650, quando era estudante em Oxford, é representativo de seu pendor científico os contatos que travou com Robert Boyle (1627-1691) e Thomas Sydenham (1624-1689), além de sua eleição para a Royal Society, em 1668. Em vida, Locke ainda publicou sobre economia e educação: *Algumas considerações sobre as consequências da redução do juro e elevação do valor da moeda* (1691, mas datado de 1692), a que se seguiram outras obras em teoria monetária, e *Alguns pensamentos sobre educação* (1693). Se fosse o caso de dimensionar a influência de seu legado, não seria exagerado dizer que sua relevância corresponde à amplidão de seus interesses.

Especificamente no que se refere à tolerância, graças ao que hoje se sabe em razão do acesso a seus manuscritos, é provável que o encontro com Shaftesbury tenha alterado o rumo de seu pensamento, mas isso em nada desvaloriza a tese maior que Locke passou a defender a

partir do *Ensaio sobre a tolerância* nem a torna cativa das circunstâncias em que foi concebida. Mantém-se atual a necessidade de distinguir os fins do Estado e da Igreja: por um lado, pela possibilidade de o poder político buscar se legitimar valendo-se da religião (o Estado cooptando a Igreja), por outro, pela persistência de religiosos, tanto clérigos como leigos, assediando o poder político com objetivos que extrapolam os fins admissíveis pela sociedade civil, isto é, tentando pautar a coletividade com base em suas crenças religiosas particulares (a Igreja imiscuindo-se no Estado). O ímpeto opressor dos que se arrogam possuir a verdade ou dos que falam oportunisticamente em seu nome não conhece descanso. A tolerância sempre precisa de defensores.

Beagá, agosto e setembro de 2016.
Leicester, março a agosto de 2018.

Principais obras de Locke sobre a tolerância

Dois opúsculos sobre o governo (c. 1660-1662 – pub. 1961)

Ensaio sobre a tolerância (1667 – pub. 1876)

Defesa da não conformidade (ou *Notas críticas*) (1681-1682 – inédito)

Carta sobre a tolerância (1685 – pub. 1689)
    - 1ª ed. trad. inglesa por William Popple (1689)
    - 2ª ed. (revista) trad. inglesa por William Popple (1690)

Segunda carta sobre a tolerância (1690)

Terceira carta sobre a tolerância (1691-1692 – pub. 1692)

Quarta carta sobre a tolerância (1704 – pub. 1706, *Obras póstumas*)

Publicações originais

LOCKE, J. *Epistola de Tolerantia ad Clarissimum Virum T.A.R.P.T.O.L.A. scripta à P.A.P.O.I.L.A.* Goudæ apud Justum Ab Hoeve, cIɔ Iɔc LXXXIX.

LOCKE, J. *A Letter Concerning Toleration*. London: printed for Awnsham at the Black Swan at Amen-Corner, 1689.

LOCKE, J. *A Letter Concerning Toleration*. The Second Edition Corrected. London: printed for Awnsham at the Black Swan in Ave-Mary Lane, 1690.

LOCKE, J. *A Second Letter Concerning Toleration*. London: printed for Awnsham and John Churchill in Ave-Mary Lane Near Pater-Noster-Row, 1690.

LOCKE, J. *A Third Letter for Toleration to the Author of the Third Letter Concerning Toleration*. London: printed for Awnsham and John Churchill at the Black Swan in Pater-Noster-Row, 1692.

LOCKE, J. Part of a Forth Letter for Toleration. In: *Posthumous Works of Mr. John Locke*. London: printed by W. B. for A. J. Churchill at the Black Swan in Pater-Noster-Row, 1706.

Bibliografia

ASHCRAFT, R. *Revolutionary Politics and Locke's "Two Treatises of Government"*. Princeton: Princeton University Press, 1986.

[BASNAGE DE BEAUVAL, H.] *Histoires des ouvrages des savants* Mois de SEPT. OCT. &c jusqu'au mois d'AOUST 1690 inclus. Tome VI. Amsterdam: chez Michel Charles Le Cène, M.D.C.C.X.X.I.

[BASNAGE DE BEAUVAL, H.] *Histoires des ouvrages des savants*. Mois de SEPT. 1693 jusqu'au mois d'AOUST 1694 inclus. Tome X. Amsterdam: chez Michel Charles Le Cène, M.D.C.C.X.X.I.

CAYÓN, J. *La teoria de la tolerancia en John Locke*. Madrid: Editorial Dykinson, 1996.

COSTE, P. Éloge de M. Locke In: LOCKE, J. *Essai philosophique concernant l'entendement humain*. Traduit par P. Coste. Trosième édition revue, corrigée et augmentée de quelques additions importantes de l'auteur qui n'ont paru qu'après sa mort & de quelques remarques du traducteur. Amsterdam: chez Pierre Mortier, 1735 [1705].

CRANSTON, M. *John Locke: A Biography*. London: Longman, 1957.

CRANSTON, M. John Locke and the Case for Toleration. In: MENDUS, S.; EDWARDS, D. (Ed.). *On Toleration*. Oxford: Clarendon Press, 1987. p. 101-121.

DUNN, J. *The Political Thought of John Locke*. Cambridge: Cambridge University Press, 1969.

GOLDIE, M. The Theory of Religious Intolerance in Restoration England. In: GRELL, O. P.; ISRAEL, J. I.; TYACHE, N. (Ed.). *From Persecution to Toleration: The Glorious Revolution and Religion in England*. Oxford: Clarendon University Press, 1991. p. 331-368.

GOLDIE, M. John Locke, Jonas Proast and Religious Toleration, 1688-1692. In: WALSH, J.; HAYDON, C.; TAYLOR, S. (Ed.). *The Church of England c. 1688-c. 1833*. Cambridge: Cambridge University Press, 1993. p. 143-171.

HARRIS, I. *The Mind of John Locke*. Cambridge: Cambridge University Press, 1998.

HARRIS, I. John Locke and Natural Law: Free Worship and Toleration. In: PARKIN, J.; STANTON, T. (Ed.). *Natural Law and Toleration in the Early Enlightenment*. Oxford: Oxford University Press, 2013. p. 59-105. (Proceedings of the British Academy, n. 186).

HILL, C. *O século das revoluções: 1603-1714*. Tradução de A. V. Allegro. São Paulo: Editora Unesp, 2012.

JOLLEY, N. *Toleration & Understanding in Locke*. Oxford: Oxford University Press, 2016.

[LE CLERC, J.] *Bibliothèque Universelle et Historique* de l'année M.D.C.LXXXIX, tome quinzième. Seconde édition révûe et corrigée. Amsterdam: chez les héritiers d'Antoine Shelte, MDC LXXXIX.

[LE CLERC, J.] *Bibliothèque Universelle et Historique* de l'année MDC XC, tome dixneuvième. Seconde édition révûe et corrigée. Amsterdam: chez Abraham Wolfgang, près de la Bourse, MDC XCI.

LE CLERC, J. Éloge historique de feu Mr. Locke. In: LOCKE, J. *Œuvres diverses de M. Locke*. Traduit par J. Le Clerc *et al*. Nouvelle édition considérablement augmentée. Amsterdam: chez Jean Frederic Bernard, 1732 [1705]. t. I.

LOCKE, J. *Two Tracts on Government*. Edited by P. Abrams. Cambridge: Cambridge University Press, 1967.

LOCKE, J. *Essays on the Law of Nature*. Edited by W. von Leyden. Oxford: Clarendon Press, 1954.

LOCKE, J. *An Essay Concerning Toleration and Other Writings on Law and Politics, 1667-1683*. Edited by J. R. Milton and P. Milton. Oxford: Clarendon Press, 2010.

LOCKE, J. *Defence of Nonconformity*. Transcription by T. Stanton. In: STANTON, T. *John Locke, Edward Stillingfleet and Toleration*. 2003. Thesis (Ph.D.) – University of Leicester, Leicester, 2003. p. 1-216.

LOCKE, J. *Epistola de Tolerantia*. Latin text edited with a preface by R. Klibansky. English translation with introduction and notes by J. W. Gough. Oxford: Clarendon Press, 1968.

LOCKE, J. *A Letter Concerning Toleration and Other Writings*. Edited with an Introduction by M. Goldie. Indianapolis: Liberty Fund, 2010.

LOCKE, J. *Carta acerca da tolerância*. Tradução de A. Aiex. 2. ed. São Paulo: Abril Cultural, 1978.

LOCKE, J. *Two Treatises of Government*. Edited by P. Laslett. 26th ed. Cambridge: Cambridge University Press, 2015.

LOCKE, J. *Dois tratados sobre o governo*. Tradução de J. Fischer. 2. ed. São Paulo: Martins Fontes, 2005.

LOCKE, J. *An Essay Concerning Human Understanding*. Edited by P. Nidditch. Oxford: Clarendon Press, 2011.

LOCKE, J. *Ensaio sobre o entendimento humano*. Tradução de P. Pimenta. São Paulo: Martins Fontes, 2012.

LOCKE, J. *The Reasonableness of Christianity*. Edited by J. C. Higgins-Biddle. Oxford: Clarendon Press, 1999.

LOCKE, J. *John Locke: Writings on Religion*. Edited by V. Nuovo. Oxford: Clarendon Press, 2004.

LOCKE, J. *John Locke: Political Essays*. Edited by M. Goldie. Cambridge: Cambridge University Press, 2002.

LOCKE, J. *John Locke: ensaios políticos*. Tradução de E. Ostrensky. São Paulo: Martins Fontes, 2007.

LOCKE, J. *The Correspondence of John Locke*. Edited by E. S. de Beer. Oxford: Clarendon Press, 1976-1989. v. I-VIII.

LOCKE, J. *John Locke: Selected Correspondence*. Edited by M. Goldie from the Clarendon Edition by E. S. de Beer. Oxford: Oxford University Press, 2007.

LOCKE, J. *The Works of John Locke*. A new edition, corrected. London, 1823. 10 v.

MARSHALL, J. *John Locke: Resistance, Religion and Responsibility*. Cambridge: Cambridge University Press, 1994.

NICHOLSON, P. John Locke's Later Letters on Toleration. In: HORTON, J.; MENDUS, S. (Ed.). *John Locke: A Letter Concerning Toleration in Focus*. New York: Routledge, 1991. p. 163-187.

PROAST, J. The Argument of the *Letter Concerning Toleration* Briefly Consider'd and Answer'd; A Third Letter Concerning Toleration: in Defense of the *Argument of the* Letter Concerning Toleration *Briefly Consider'd and Answer'd*; A Second Letter to the Author of the Three

Letters for Toleration. In: GOLDIE, M. (Ed.). *The Reception of Locke's Politics*. London: Pickering & Chatto, 1999. v. 5: The Church, Dissent and Religious Toleration, 1689-1773. p. 23-128.

OSTRENSKY, E. *As revoluções do poder*. São Paulo: Alameda, 2005.

ROGERS, G. A. J. Locke and the Latitude-men: Ignorance as a Ground of Toleration. In: KROLL, R.; ASHCRAFT, R.; ZAGORIN, P. (Ed.). *Philosophy, Science and Religion in England, 1640-1700*. Cambridge: Cambridge University Press, 1992. p. 230-252.

SAVONIOUS-WROTH, S.-J.; SCHUURMAN, P.; WALMSLEY, J. (Ed.). *The Continuum Companion to Locke*. London: Continuum, 2010.

SCHOCHET, G. J. John Locke and Religious Toleration. In: SCHWOERER, L. G. (Ed.). *The Revolution of 1688-1689: Changing Perspectives*. Cambridge: Cambridge University Press, 1992. p. 147-164.

SIGMUND, P. E. Jeremy Waldron and the Religious Turn in Locke Scholarship. *The Review of Politics*, v. 67, n. 3, p. 407-418, 2005.

SILVA, S. H. S. *Tolerância civil e religiosa em John Locke*. São Cristóvão: Editora UFS, 2013.

SPITZ, J.-F. Quelques difficultés de la théorie lockienne de la tolérance. In: ZARKA, Y. C.; LESSAY, F.; ROGERS, J. (Ed.). *Les fondements philosophiques de la tolérance*. Paris: PUF, 2002. t. I: Études. p. 114-150.

STANTON, T. The Name and Nature of Locke's "Defence of Nonconformity". *Locke Studies*, n. 6, p. 143-172, 2006.

STANTON, T. Locke and the Politics and Theology of Toleration. *Political Studies*, v. 54, p. 84-102, 2006.

TATE, J. W. *Liberty, Toleration and Equality: John Locke, Jonas Proast and the Letters Concerning Toleration*. New York: Routledge, 2016.

THOMAS, R. Comprehension and Indulgence. In: NUTTALL, G. F.; CHADWICK, O. (Ed.). *From Uniformity to Unity, 1662-1962*. London: SPCK, 1962. p. 189-253.

TUCK, R. Scepticism and Toleration in the Seventeenth Century. In: MENDUS, S. (Ed.). *Justifying Toleration: Conceptual and Historical Perspectives*. Cambridge: Cambridge University Press, 1988. p. 21-35.

VERNON, R. *The Career of Toleration: John Locke, Jonas Proast and After*. Montreal: McGill Queen's University Press, 1997.

WALDRON, J. Locke: Toleration and the Rationality of Persecution. In: MENDUS, S. (Ed.). *Justifying Toleration: Conceptual and Historical Perspectives*. Cambridge: Cambridge University Press, 1988. p. 61-86.

WALDRON, J. Tolerating Atheists? In: *God, Locke, and Equality: Christians Foundations in Locke's Political Thought*. Cambridge: Cambridge University Press, 2002. p. 217-243.

WOLFSON, A. *Persecution and Toleration: An Explanation of the Locke-Proast Quarrel, 1689-1704*. New York: Lexington Books, 2010.

WOOLHOUSE, R. *Locke: A Biography*. Cambridge: Cambridge University Press, 2013.

WYKES, D. L. The Tricentenary of the Toleration Act of 1689: A Cause for Celebration? In: FURCHA, E. J. (Ed.). *Truth and Tolerance*. Montreal: Faculty of Religious Studies, McGill University, 1990. p. 60-82.

YOLTON, J. S. *John Locke: A Descriptive Bibliography*. Bristol: Thoemmes Press, 1998.

Nota sobre a tradução e a organização

Flavio Fontenelle Loque

As traduções da *Carta sobre a tolerância* e do prefácio de Popple se basearam na edição de Klibansky e foram feitas a partir das línguas originais: latim e inglês, respectivamente.

Da *Carta sobre a tolerância* nenhum manuscrito foi preservado, de modo que sua edição crítica é, na verdade, a colação de suas quatro edições latinas, ocorridas em Gouda (1689), Amsterdã (1705) e Londres (1765 e 1768), ainda que a original tenha sido a base das outras três. No mais das vezes, as edições subsequentes apenas corrigiram pequenos erros de impressão e pontuação da edição de Gouda. No século XX, houve duas edições críticas da *Carta*, uma feita por Montuori, publicada em 1963, outra por Klibansky, publicada na série Philosophy and World Community em diversos países ao longo dos anos 1960 e 1970, a começar pela Itália, em 1961. O texto latino que acompanha a presente tradução segue a edição de Klibansky, como já dito, mas foi cotejado com o da edição de Montuori. Entre as duas, há diferenças ortográficas e de pontuação, mas nenhuma divergência substancial. Embora pouco extenso, não se publica aqui o aparato crítico. Quanto ao prefácio, nele não há variação alguma nas duas edições da tradução de Popple.

Em português do Brasil, ao menos acerca das traduções a que se teve acesso, pode-se dizer que todas se basearam na primeira edição da tradução de Popple, datada de 1689, à exceção da de A. Aiex, que seguiu a tradução inglesa de Gough. Em Portugal, a tradução de J. S. Gama baseou-se no mesmo texto latino utilizado aqui, mas muitas de suas soluções para passagens difíceis seguem de perto a tradução francesa de Polin.

As notas de rodapé apresentam informações contextuais indispensáveis e apontam as diferenças mais significativas entre o original latino e a tradução de Popple, e, para sua elaboração, foram imprescindíveis as notas que acompanham algumas das traduções consultadas (em particular, a inglesa de Gough e as italianas de Viano e Marconi) e a edição de Goldie, intitulada *Carta sobre a tolerância e outros escritos*. Em certos casos, conforme indicado, as notas foram elaboradas pelos tradutores do presente volume e têm como objetivo esclarecer passagens e termos inusuais ou ambíguos. Coube aos comentários que se seguem à tradução um maior detalhamento dos pontos essenciais da *Carta* e do prefácio, além da exposição dos seus vínculos mais evidentes com os *Dois tratados sobre o governo* e o *Ensaio sobre o entendimento humano*.

★ ★ ★

A tradução do texto latino da *Carta* esteve a cargo de Fábio Fortes (Universidade Federal de Juiz de Fora, UFJF) e Wellington Ferreira Lima (Universidade Federal de Alfenas, UNIFAL-MG), tendo cabido a mim a revisão técnica. Agradeço enormemente ao Wellington por ter aceitado fazer parte deste projeto e, em especial, ao Fábio, por mais um trabalho que realizamos em conjunto. Meu muito obrigado também a Barbara Azevedo, Filipe Rodrigues, Henrique Moraes e Luana Rodrigues, que colaboraram para a tradução ao participarem da disciplina "Oficina de Tradução do Latim", ofertada pelo Fábio no primeiro semestre de 2016 (a disciplina integra o currículo do Bacharelado em Tradução, com habilitação em Língua Latina, da Universidade Federal de Juiz de Fora). Pela revisão final da transcrição do texto latino, agradeço ao Kevin Ribeiro Borges.

Originalmente, o comentário à *Carta* foi um material didático que elaborei para os alunos de uma disciplina eletiva que ofertei no primeiro semestre de 2015 na Universidade Federal de Itajubá, *campus* Itabira (UNIFEI-Itabira). Eram poucos os matriculados, e as discussões puderam ser detalhadas. Meu agradecimento a todos que participaram daqueles encontros: Alberto Lopes, Ana Clara Simões, Danielle Nunes, Eduardo dos Santos, Euler Marinho, Gabriela Vieira, June Caetano, Lauro Sena, Luiz Eduardo da Silva, Marcelli Monteiro e Pedro Mella.

Agradeço ainda a meu orientador, professor José Raimundo Maia Neto, sem cujo apoio e conhecimento eu jamais teria iniciado os estudos em Locke. A meus queridos amigos Daniel Arelli e Roberta Miquelanti,

que me enviaram de Berlim e Paris alguns artigos impossíveis de conseguir no Brasil, fica o registro do meu agradecimento, mas ainda o de que essa ajuda é apenas um detalhe no universo de motivos que tenho para lhes ser grato. A Júlio César Terra, que me enviou de Montreal alguns livros preciosos, meu muito obrigado também. Ao Sacha Kontic e ao João Cortese, agradeço a ajuda para conseguir um artigo raro. Nesse mesmo sentido, agradeço igualmente a Celso Neto, Pedro Vianna Faria e Luiz Philipe de Caux. Ao Christian Lindberg, reconheço a gentileza de ter feito e me enviado a cópia de um livro esgotado a que eu, sem sua ajuda, não teria acesso. Destaco ainda meu agradecimento ao Jacyntho Lins Brandão, ao Pe. Delmar Cardoso e ao Pe. Francisco Taborda, pelo esclarecimento relativo a uma passagem intrincada do latim, assim como ao John Dunn, pela acolhida gentil para uma conversa sobre Locke em seu gabinete no King's College, Cambridge. Por fim, pelos comentários a uma das versões finais deste livro, minha gratidão a Hélio Dias, Antônio Carlos dos Santos, Paula Gabriela Lima, Paulo Margutti e Breno Sardenberg. Ao professor Ian Harris, que me recebeu muito bem na Universidade de Leicester durante o meu doutorado sanduíche, em 2018, meu agradecimento pelo diálogo, cuidado e orientação. Ao professor Timothy Stanton, agradeço a confiança por ter me enviado sua edição crítica da *Defesa da não conformidade* cuja publicação, espero, não há de demorar a ocorrer. Com alegria, agradeço ainda ao Gilson Iannini, pela nova acolhida na Autêntica Editora.

EPISTOLA
de
TOLERANTIA
ad
Clariſſimum Virum
T. A. R. P. T. O. L. A.
Scripta à
P. A. P. O. I. L. A

GOUDÆ,
Apud JUSTUM AB HOEVE
cIɔ Iɔc LXXXIX.

CARTA

sobre a

TOLERÂNCIA

ao

ilustre senhor

T.A.R.P.T.O.L.A.

escrita por

P.A.P.O.I.L.A.[1]

Quaerenti tibi, vir clarissime, quid existimem de mutua inter Christianos tolerantia, breviter respondeo hoc mihi videri praecipuum verae ecclesiae criterium. Quicquid enim alii jactant de locorum et nominum antiquitate vel cultus splendore, alii de disciplinae reformatione, omnes denique de fide orthodoxa (nam sibi quisque orthodoxus est): haec et hujusmodi possunt esse hominum de potestate et imperio contendentium potius quam ecclesiae Christi notae. Haec omnia qui possidet, si charitate destituatur, si mansuetudine, si benevolentia erga omnes in universum homines, nedum fidem Christianam profitentes, nondum est Christianus. *Reges gentium dominantur iis; vos autem non sic, Luc.* XXII, dicit suis Salvator noster. Alia res est verae religionis, non ad externam pompam, non ad dominationem ecclesiasticam, non denique ad vim, sed ad vitam recte pieque instituendam natae. Primo omnium vitiis suis, fastui et libidini propriae, bellum debet indicere, qui in ecclesia Christi velit militare; alias sine vitae sanctimonia, morum castitate, animi benignitate et mansuetudine, frustra quaerit sibi nomen Christianum. *Tu conversus confirma fratres tuos, Luc.* XXII, dixit Petro Dominus noster. Vix enim quisquam persuadebit se de aliena salute mire esse sollicitum, qui negligens est suae; nemo sincere in id totis viribus incumbere potest, ut alii fiant Christiani, qui religionem Christi animo suo nondum ipse revera amplexus est. Si enim Evangelio, si Apostolis credendum sit, sine charitate, sine fide per amorem, non per vim, operante nemo Christianus esse potest. An vero illi qui

Ilustre senhor,

Já que perguntaste o que eu considero sobre a tolerância mútua entre cristãos, respondo-te brevemente que ela me parece ser o principal traço distintivo de uma verdadeira igreja. Não importa o tanto que alguns se vangloriem da antiguidade dos lugares e dos nomes ou do esplendor de seu culto; outros, da reforma da sua disciplina; e todos, enfim, de sua fé ortodoxa (pois cada um é ortodoxo para si mesmo): todas essas e outras coisas do gênero podem ser sinais mais das contendas humanas por poder e por domínio do que da igreja de Cristo. Alguém que possua tudo isso, se for destituído de caridade, de mansidão, de benevolência em relação a todos os homens em geral, não somente em relação aos que professam a fé cristã,[2] não chega a ser cristão. *Os reis dos gentios os dominam; vós, porém, não* (*Lucas*, 22[3]), diz o nosso Salvador aos seus. A característica da verdadeira religião é outra: ela surgiu não para a pompa exterior, não para a dominação eclesiástica e, em suma, não para a força, mas para instituir a vida com retidão e piedade. Antes de tudo, quem quiser militar na igreja de Cristo deve declarar guerra aos próprios vícios, ao próprio orgulho e à própria luxúria; aliás, sem a santidade da vida, a castidade dos costumes, a bondade e a mansidão da alma, em vão alguém demandaria para si o nome de cristão.[4] *E tu, quando te converteres, confirma teus irmãos* (*Lucas*, 22[5]), disse nosso Senhor a Pedro. Alguém dificilmente convencerá de estar realmente preocupado com a salvação de outrem, sendo negligente com a sua própria; ninguém pode, com sinceridade, incumbir-se, com todas as suas forças, de tornar outros cristãos, se não tiver ainda, ele próprio, abraçado verdadeiramente a religião de Cristo em sua alma. Caso se deva crer no Evangelho e nos apóstolos, ninguém pode ser cristão sem

religionis praetextu alios vexant, lacerant, spoliant, jugulant, id amico et benigno animo agant, ipsorum testor conscientiam; et tum denique credam, cum zelotas illos videro amicos et familiares suos, contra Evangelii praecepta manifeste peccantes, eundem in modum corrigere suosque asseclas, vitiorum corruptela tactos et sine mutatione in meliorem frugem certo perituros, ferro et igne aggredi et amorem suum atque salutis animarum desiderium omni crudelitatis et tormentorum genere testari. Si enim, uti prae se ferunt, charitate et studio erga eorum animas bonis exuant, corpora mutilent, carcere et paedore macerent, vita denique ipsa privent, ut fideles, ut salvi fiant, cur scortationem, versutiam, malitiam et alia quae ethnicismum tam aperte sapiunt, testante Apostolo, *Rom.* I, impune inter suos grassari permittunt, cum haec et hujusmodi magis adversentur Dei gloriae, ecclesiae puritati et saluti animarum, quam erronea quaevis contra decisiones ecclesiasticas conscientiae persuasio, vel in externo cultu defectus cum vitae innocentia conjunctus? Cur inquam zelus ille pro Deo, pro ecclesia, pro salute animarum usque ad vivicomburium ardens, flagitia illa et vitia moralia Christianae professioni omnibus fatentibus e diametro contraria, sine castigatione, sine animadversione praeteriens, in corrigendis opinionibus, iisque plerumque de rebus subtilibus vulgique captum superantibus, vel ceremoniis ingerendis unice haeret et omnes nervos suos intendit? Quae inter dissidentes de his rebus sanior sit, quaeve schismatis vel haereseos rea, an dominatrix vel succumbens pars, tum demum constabit, cum de causa separationis judicabitur. Qui enim Christum sequitur ejusque amplectitur doctrinam et jugum suscipit, etiamsi patrem et matrem, patrios ritus, coetum publicum et quoscunque demum homines relinquat, non est haereticus.

Quod si sectarum divortia adeo adversentur saluti animarum, *adulterium, scortatio, immunditia, lascivia, simulacrorum cultus et his similia* non sunt minus opera carnis, de quibus diserte pronuntiat Apostolus quod *qui talia agunt regni Dei haeredes non erunt, Gal.* V. Haec igitur non minore cura et industria quam sectae penitus extirpanda, si quis de regno Dei sincere sollicitus in ejus pomeriis ampliandis sibi elaborandum serio judicaverit. Quod si quisquam

a caridade e sem a fé operantes através do amor[6] e não da força. Será que aqueles que, sob o pretexto da religião, atormentam, flagelam, espoliam e matam outros homens agem assim com ânimo amigo e benigno? Interrogo-lhes a consciência e somente acreditarei nisso quando vir esses fanáticos[7] corrigirem do mesmo modo seus próprios amigos e familiares que pecam claramente contra os preceitos do Evangelho; quando os vir perseguirem, com ferro e fogo, seus próprios seguidores que, tocados pela perversão do vício, caso não mudem, certamente perecerão sem se tornar melhores frutos; e quando os vir demonstrarem seu amor e seu desejo pela salvação dessas almas com toda forma de crueldade e tormento. Se, como declaram, eles confiscam os bens de outros por caridade e empenho pelas suas almas, mutilam seus corpos, exaurem-nos em prisões imundas e, finalmente, privam-nos de suas próprias vidas para que se tornem fiéis e se salvem, por que eles permitem grassar impunemente entre os seus a fornicação, o ardil, a malícia e outros vícios, os quais, como testemunha o Apóstolo (*Romanos*, 1[8]), têm o evidente sabor de paganismo? Essas e outras práticas do gênero se opõem mais à glória de Deus, à pureza da igreja e à salvação das almas do que qualquer convicção de consciência, ainda que errônea,[9] contrária às decisões eclesiásticas ou do que qualquer abstenção de um culto exterior, quando acompanhadas de uma vida inocente. Por que, eu interrogo, tal zelo em favor de Deus, da igreja, da salvação das almas, a ponto de queimar pessoas na fogueira, se ele acoberta, sem castigo ou censura, crimes e vícios morais diametralmente contrários, como todos admitem, à profissão de fé cristã? Por que tal zelo, se ele empreende tantos esforços e se agarra unicamente à introdução de cerimônias, ou à correção de crenças, essas mesmas em grande parte concernentes a coisas sutis que estão acima da apreensão do homem comum? Dentre os que divergem quanto a essas coisas, qual é a parte mais correta e qual será acusada de cisma e heresias, se a que domina ou a que é subjugada, isso será finalmente determinado no momento em que a causa da separação for julgada, pois aquele que segue a Cristo, abraçando a sua doutrina e suportando o seu jugo,[10] ainda que venha a abandonar pai e mãe,[11] ritos pátrios, assembleias públicas e, finalmente, todos os homens, não é herege.

No entanto, se as divisões de seitas se opõem a tal ponto à salvação das almas, *o adultério, a fornicação, a imundície, a lascívia, a idolatria e similares* não deixam de ser obras da carne, sobre as quais o Apóstolo diz expressamente que *os que cometem tais coisas não herdarão o reino de Deus* (*Gálatas*, 5[12]). Se alguém, sinceramente preocupado com o Reino de Deus, considera

aliter fecerit, et dum erga diversa sentientes immitis et implacabilis est, peccatis interim et morum vitiis Christiano nomine indignis parcat, palam demonstrat, quantumvis crepat ecclesiam, se aliud, non Dei regnum quaerere.

Si quis animam, cujus salutem vehementer optat, velit per cruciatus, etiam nondum conversam, efflari, mirabor sane et mirabuntur, puto, mecum alii; sed ita tamen, ut nemo uspiam credat hoc ab amore, a benevolentia, a charitate posse proficisci. Si homines igne et ferro ad certa dogmata amplectenda sunt impellendi et ad externum cultum vi cogendi, de quorum tamen moribus nulla omnino sit quaestio; si quis heterodoxos ita convertat ad fidem, ut cogat ea profiteri quae non credunt, et permittat ea agere quae Evangelium Christianis, fidelis sibi, non permittit: illum velle numerosum coetum eadem secum profitentium non dubito; velle autem ecclesiam Christianam, quis est qui potest credere? Non mirandum igitur, si utantur armis militiae Christianae non debitis qui, quicquid prae se ferunt, pro vera religione et ecclesia Christiana non militant. Si, uti dux salutis nostrae, sincere cuperent salutem animarum, illius insisterent vestigiis et optimum illud principis pacis sequerentur exemplum, qui satellites suos non ferro, non gladio, non vi armatos, sed Evangelio, sed pacis nuntio, morum sanctitate et exemplo instructos, ad subjugandas gentes et in ecclesiam cogendas emisit: Cui tamen, si vi et armis convertendi essent infideles, si armato milite ab erroribus revocandi caecutientes vel obstinati mortales, paratior erat caelestium legionum exercitus, quam cuivis ecclesiae patrono, quantumvis potenti, suae sunt cohortes.

Tolerantia eorum qui de rebus religionis diversa sentiunt, Evangelio et rationi adeo consona est, ut monstro simile videatur homines in tam clara luce caecutire. Nolo ego hic aliorum incusare fastum et ambitionem, aliorum intemperiem et zelum charitate et mansuetudine destitutum: haec sunt vitia humanis rebus forsan non eximenda, sed tamen ejusmodi ut ea nemo sibi aperte imputari velit; nemo pene est qui his in transversum actus aliena et honesta specie tectis non quaerat laudem. Ne

seriamente para si a tarefa de ampliar-lhe as fronteiras, essas coisas devem ser extirpadas por completo com não menos cuidado e diligência do que as seitas. Mas se alguém age de modo diverso, sendo cruel e implacável contra os que pensam diferente, e, ao mesmo tempo, é condescendente com os pecados e os vícios morais indignos de um cristão, demonstra abertamente, por mais longa que seja sua ladainha sobre a igreja, que busca um outro reino, mas não o Reino de Deus.

Se alguém, desejando veementemente a salvação de uma alma, quiser que ela, mesmo que ainda não convertida, expire em meio a torturas, ficarei muito espantado, e, acredito, também outros vão se espantar junto comigo, mas ninguém, em lugar algum, poderá acreditar que isso possa acontecer por amor, benevolência e caridade. Se os homens devem ser impelidos por ferro e fogo a abraçar certos dogmas e devem ser obrigados a aderir a um culto exterior, sem que haja qualquer questionamento sobre a sua conduta moral; se alguém converter os heterodoxos à fé, obrigando-os a professar algo em que não acreditam, e permitir que façam algo que nem o Evangelho permite aos cristãos, nem o fiel a si mesmo, não duvido de que ele possa querer uma assembleia numerosa, com uma profissão de fé conforme a sua, no entanto, que ele queira que sua igreja seja cristã, quem é que pode acreditar? De fato, não seria de se espantar se usarem armas impróprias à milícia cristã aqueles que, seja lá o que declarem sobre si, não militam em favor da verdadeira religião e da igreja cristã.[13] Se, como o Guia da nossa salvação,[14] desejassem sinceramente a salvação das almas, marchariam sobre as pegadas dele e seguiriam o exemplo perfeito do Príncipe da Paz,[15] que enviou seus combatentes para subjugar os povos e reuni-los em sua igreja não armados com o ferro, a espada e a força, mas munidos com o Evangelho, com a mensagem de paz, com a santidade dos costumes e do exemplo.[16] Se os infiéis devessem ser convertidos com ajuda de armas e de força, se os cegos ou os obstinados devessem se retratar de seus erros diante de um soldado armado, seria mais apropriado fazê-lo com um exército de legiões celestes do que através de qualquer patrono da igreja, por mais potente que o fosse, com sua tropa.[17]

A tolerância diante daqueles que têm opiniões diferentes em matéria religiosa é tão condizente com o Evangelho e com a razão que parece monstruoso que os homens fiquem cegos em tão clara luz. Eu, por mim, não quero aqui apontar, de alguns, o orgulho e a ambição e, de outros, a intemperança e o zelo religioso destituído de caridade e mansidão: esses são vícios provavelmente inextirpáveis das coisas humanas, mas são vícios que ninguém gostaria de ter imputados abertamente a si. Não há quase

quis autem persecutioni et saevitiae parum Christianae curam reipublicae et legum observantiam praetexat, et e contra ne alii religionis nomine sibi quaerant morum licentiam et delictorum impunitatem: ne quis, inquam, vel ut fidus principis subditus vel ut sincerus Dei cultor, sibi vel aliis imponat, ante omnia inter res civitatis et religionis distinguendum existimo limitesque inter ecclesiam et rempublicam rite definiendos. Si hoc non fit, nullus litibus modus statui potest inter eos, quibus salus animarum aut reipublicae vel revera cordi est, vel esse simulatur.

Respublica mihi videtur societas hominum solummodo ad bona civilia conservanda promovendaque constituta.

Bona civilia voco vitam, libertatem, corporis integritatem et indolentiam, et rerum externarum possessiones, ut sunt latifundia, pecunia, supellex, et cetera.

Harum rerum ad hanc vitam pertinentium possessionem justam omni universim populo et singulis privatim subditis sartam tectam servare officium est magistratus civilis, per leges ex aequo omnibus positas; quas si quis contra jus fasque violare vellet, illius comprimenda est audacia metu poenae; quae consistit vel in ablatione vel imminutione eorum bonorum, quibus alias frui et potuit et debuit. Quum vero nemo parte bonorum suorum sponte mulctatur, nedum libertate aut vita, ideo magistratus ad poenam alieni juris violatoribus infligendam vi armatus est, toto scilicet subditorum suorum robore.

Quod vero ad bona haec civilia unice spectat tota magistratus jurisdictio, et in iis solis curandis promovendisque terminatur et circumscribitur omne civilis potestatis jus et imperium, nec ad salutem animarum aut debet aut potest ullo modo extendi, sequentia mihi videntur demonstrare.

Primo, quia animarum magistratui civili plus quam aliis hominibus non demandatur cura. Non a Deo, quia nusquam apparet Deum hujusmodi authoritatem hominibus in homines tribuisse, ut possint alios ad suam religionem amplectendam cogere. Non ab hominibus magistratui potest ejusmodi tribui

ninguém que, desviado do caminho por tais vícios, não busque aprovação disfarçando-os com uma aparência contrária e honesta. Porém, para que ninguém use o cuidado com o Estado e a observância das leis como pretexto para perseguição e para uma severidade pouco cristã e, por outro lado, para que outros não busquem para si, em nome da religião, licença para seus atos e impunidade para seus delitos; para que ninguém, seja como fiel súdito do príncipe,[18] seja como devoto sincero de Deus, imponha algo a si ou aos outros, julgo ser necessário, antes de tudo, fazer a distinção entre assuntos cívicos e religiosos, bem como definir devidamente os limites entre igreja e Estado. Se isso não ocorrer, não será possível estabelecer um fim aos conflitos entre aqueles que, realmente de coração ou de maneira dissimulada, almejam a salvação das almas ou do Estado.

O Estado me parece ser uma sociedade de homens constituída unicamente para preservar e promover os seus bens civis.[19]

Chamo de bens civis a vida, a liberdade, a integridade do corpo e a ausência de dor, bem como a posse de coisas externas, como terras, dinheiro, bens domésticos e outros.

É dever do magistrado civil, por meio de leis impostas a todos igualmente, manter assegurada, para todo o povo em geral e para cada um dos súditos em particular, a justa posse daquelas coisas que dizem respeito a essa vida. Se alguém, contrariamente à justiça e ao direito, quiser violar as leis, deve-se reprimir a sua audácia pelo temor de uma pena que consiste na tomada ou na subtração dos bens de que, não fosse assim, ele poderia e deveria fruir. Já que, porém, nenhum homem se deixa punir voluntariamente em parte de seus bens, quem dirá em sua liberdade ou em sua vida, por isso o magistrado está armado com a força, a saber, a força de todos os seus súditos, para infligir punições àqueles que violarem o direito.

No entanto, o que se segue parece-me demonstrar que toda a jurisdição do magistrado diz respeito unicamente a esses bens civis, que todo o direito e supremacia do poder civil se limita e se circunscreve somente à sua proteção e promoção, não podendo nem devendo se estender de nenhum modo à salvação das almas.

Primeiramente, porque ao magistrado civil não foi confiado, mais do que a outros homens, o cuidado com as almas. Nem por Deus, pois não parece que Deus em lugar algum tenha concedido tamanha autoridade a um homem mais do que a outros para que possa coagi-los a abraçar a sua

potestas, quia nemo potest ita salutis suae aeternae curam abjicere, ut quam alter, sive princeps sive subditus, praescripserit cultum vel fidem necessario amplectatur; quia nemo ex alterius praescripto potest, si vellet, credere; in fide autem consistit verae et salutiferae religionis vis et efficacia. Quicquid enim ore profiteris, quicquid in cultu externo praestes, si hoc et verum esse et Deo placere tibi intus in corde penitus persuasum non sit, non modo non prodest ad salutem, verum e contrario obest; quandoquidem hoc modo aliis peccatis religione expiandis addatur cumuli loco ipsius religionis simulatio numinisque contemptus, cum eum Deo O. M. offers cultum quem credis ipsi displicere.

Secundo, cura animarum non potest pertinere ad magistratum civilem, quia tota illius potestas consistit in coactione. Cum autem vera et salutifera religio consistit in interna animi fide, sine qua nihil apud Deum valet, ea est humani intellectus natura, ut nulla vi externa cogi possit. Auferantur bona, carceris custodia vel cruciatus poena urgeatur corpus: frustra eris, si his suppliciis mentis judicium de rebus mutare velis.

Sed dices: Magistratus potest argumentis uti, adeoque heterodoxos in veritatem pertrahere et salvos facere. Esto; sed hoc illi cum aliis hominibus commune est: si doceat, si instruat, si argumentis errantem revocet, facit sane quod virum bonum decet; non necesse est magistratui vel hominem vel Christianum exuere. Verum aliud est suadere, aliud imperare; aliud argumentis, aliud edictis contendere. Quorum hoc est potestatis civilis, illud benevolentiae humanae. Cuivis enim mortalium integrum est monere, hortari, erroris arguere, rationibusque in sententiam suam adducere; sed magistratus proprium est edictis jubere, gladio cogere. Hoc est igitur quod dico, scilicet quod potestas civilis non debet articulos fidei sive dogmata vel modos colendi Deum lege civili praescribere. Si enim nullae adjunctae sint poenae, legum vis perit; si poenae intententur, eae plane ineptae sunt et minime ad persuadendum accommodae. Si quis ad animae salutem dogma aliquod vel cultum amplecti velit, ex animo credat oportet dogma illud verum esse, cultum autem Deo gratum et acceptum fore; hujusmodi vero persuasionem animis instillare poena quaevis

religião. Nem pelos homens esse poder pode ser concedido ao magistrado, pois ninguém pode abandonar o cuidado da sua salvação eterna, de modo a necessariamente abraçar um culto ou fé que outra pessoa, seja ela príncipe ou súdito, teria prescrito, uma vez que ninguém, mesmo se quisesse, poderia crer por prescrição de outro. É na fé que se encontram a força e a eficácia da religião verdadeira e salvadora, pois, independentemente da confissão que proclame oralmente ou do culto exterior que realize, se alguém não estiver convencido no íntimo do coração de que é verdadeiro e agrada Deus, isso de modo algum contribuirá para a salvação, muito pelo contrário, será um obstáculo. Desse modo, quando ofereces a Deus Todo-Poderoso aquele culto que acreditas lhe desagradar, aos demais pecados que se devem expiar pela religião, acrescentam-se, a esses muitos, a dissimulação religiosa e o desdém pela divindade.

Em segundo lugar, o cuidado das almas não pode pertencer ao magistrado civil, porque todo seu poder consiste na coerção. A religião verdadeira e salvadora, todavia, consiste na fé interior da alma, sem a qual nada tem valor diante de Deus. Tal é a natureza do entendimento humano, que ele não pode ser coagido por nenhuma força exterior. Tomem-se os bens de um homem, imponha-se-lhe ao corpo a prisão ou a tortura: tudo será em vão, se com tais suplícios queres mudar o juízo de sua mente sobre as coisas.

Mas dirás: um magistrado pode utilizar argumentos de modo a arrastar os heterodoxos à verdade e os salvar. Sim, pode, mas isso é comum a ele e a outros homens: se ensina, se instrui, se reconduz o errante por meio de argumentos, ele faz, na verdade, aquilo que é digno dos homens bons; não é necessário que o magistrado deixe de lado nem sua humanidade nem sua fé cristã. Uma coisa, porém, é convencer, outra é comandar, uma coisa é contender com argumentos, outra com decretos. Dessas duas, nesta reside o poder civil, naquela, a benevolência humana. A qualquer um dos mortais é legítimo aconselhar, exortar, convencer alguém dos erros e conduzi-lo pela razão à sua própria forma de pensar; ao magistrado, contudo, é próprio dar ordens através de decretos e coagir pela espada. É isto, portanto, o que digo: não há dúvida de que o poder civil não deve, através da lei civil, prescrever artigos de fé ou dogmas ou modos de cultuar a Deus, pois, caso nenhuma pena lhes for associada, a força da lei desaparece; caso se apliquem penas, elas se mostram claramente inadequadas e muito pouco capazes de gerar convicção. Se alguém quer abraçar algum dogma ou culto para a salvação da sua alma, é preciso acreditar do fundo da alma que tal dogma é verdadeiro e que o culto será agradável e aceito por Deus. Entretanto, uma penalidade, de modo algum,

minime potest. Luce opus est ut mutetur animi sententia, quam nullo modo faeneratur corporis supplicium.

Tertio, cura salutis animarum nullo modo pertinere potest ad magistratum civilem, quia dato quod legum authoritas et poenarum vis efficax esset ad convertendas hominum mentes, hoc tamen nihil prodesset ad salutem animarum. Cum enim unica sit vera religio, una quae ad beatas ducit sedes via, quae spes majorem hominum illuc perventurum numerum, si ea mortalibus data esset conditio, ut quisque posthabito rationis et conscientiae suae dictamine deberet caeca mente amplecti principis sui dogmata, et eo modo Deum colere, prout patriis legibus statutum est? Inter tot varias principum de religione opiniones necesse esset viam illam strictam portamque angustam, quae ducit in caelum, paucis admodum esse apertam, idque in una solum regione, et quod maxime hac in re absurdum esset et Deo indignum, aeterna felicitas vel cruciatus unice deberetur nascendi sorti.

Haec inter multa alia, quae ad hanc rem afferri poterant, sufficere mihi videntur, ut statuamus omnem reipublicae potestatem versari circa bona illa civilia et intra rerum hujus saeculi curam contineri, neque ea quae ad futuram spectant vitam ullatenus attingere.

Nunc videamus quid sit ecclesia. Ecclesia mihi videtur societas libera hominum sponte sua coeuntium, ut Deum publice colant eo modo quem credunt numini acceptum fore ad salutem animarum.

Dico esse *societatem liberam et voluntariam*. Nemo nascitur alicujus ecclesiae membrum, alias patris avorumque religio jure haereditario simul cum latifundiis ad quemque descenderet et fidem quisque deberet natalibus; quo nihil absurdius excogitari potest. Ita igitur se res habet. Homo nulli a natura obstrictus ecclesiae, nulli addictus sectae, illi se sponte adjungit societati ubi veram religionem cultumque Deo gratum credit se invenisse. Spes vero salutis quam illic reperit, uti unica intrandi in ecclesiam causa, ita pariter et illic manendi mensura. Quod si deprehenderit aliquid vel in doctrina erroneum vel in cultu incongruum, eadem

pode gerar a menor convicção na alma. Para mudar o pensamento de alguém, é preciso que haja uma luz, que de nenhum modo pode ser produzida com o suplício do corpo.

Em terceiro lugar, o cuidado com a salvação das almas não pode, de modo algum, pertencer ao magistrado civil, porque, mesmo considerando que a autoridade das leis e a força das penas pudessem ser eficazes para converter as mentes dos homens, ainda assim isso não contribuiria para a salvação das almas. De fato, como existe apenas uma religião verdadeira, um único caminho que conduz à morada dos bem-aventurados, qual a esperança de que a maior parte dos homens o alcance, se ele fosse dado aos mortais sob a condição de, pondo de lado o ditame da própria razão e consciência, dever abraçar com a mente cega os dogmas do príncipe e, desse modo, cultuar a Deus, segundo o estabelecido pelas leis da pátria? Entre tantas crenças que os príncipes têm acerca da religião,[20] seria necessário que o caminho apertado e a porta estreita que conduzem ao céu estivessem abertos a muito poucos[21] e isso somente em uma nação, o que resultaria em algo extremamente absurdo e indigno de Deus: a eterna felicidade ou tormento iriam se dever unicamente ao acaso do nascimento.

Tais argumentos, entre muitos outros que poderiam ser evocados para esta questão, parecem-me suficientes para que possamos estabelecer que todo o poder do Estado se volta somente aos bens civis e se limita ao cuidado com as coisas seculares, não podendo abarcar, de forma alguma, aquelas que dizem respeito à vida futura.

Agora, vejamos o que é a igreja. A igreja parece-me ser uma sociedade livre de homens que se reúnem espontaneamente, a fim de cultuar publicamente a Deus, do modo como acreditam que será aceito pela divindade, para salvação das almas.

Afirmo ser uma *sociedade livre e voluntária*. Ninguém nasce membro de qualquer igreja, do contrário, a religião dos pais e dos ancestrais seria legada aos pósteros por lei hereditária, juntamente com as terras, e cada um deveria sua fé ao seu nascimento – nada se pode imaginar de mais absurdo do que isso. Eis, portanto, a questão. Nenhum ser humano está ligado por natureza a uma igreja; nenhum está atrelado a uma seita; cada um espontaneamente se une à sociedade na qual acredita ter achado a verdadeira religião e o culto agradável a Deus. A esperança da salvação que nela encontra, como causa única para entrar na igreja, também é, igualmente, a razão para nela permanecer. Assim, se perceber algo

libertate, qua ingressus est, semper ipsi pateat exitus necesse est; nulla enim esse possunt indissolubilia vincula, nisi quae cum certa vitae aeternae expectatione conjuncta sunt. Ex membris ita sponte sua et hunc in finem unitis coalescit ecclesia.

Sequitur jam ut inquiramus quae sit ejus potestas, quibusque legibus subjecta.

Quandoquidem nulla, quantumvis libera aut levi de causa instituta societas, sive ea fuerit literatorum ad philosophiam, sive mercatorum ad negotia, sive denique feriatorum hominum ad mutuos sermones et animi causa, subsistere potest, quin ilico dissoluta interibit, si omnibus destituta sit legibus: ideo necesse est ut suas etiam habeat ecclesia; ut loci temporisque quibus coetus coeant, habeatur ratio; ut conditiones proponantur, quibus quisque in societatem vel admittatur vel ab ea excludatur; ut denique munerum diversitas rerumque constituatur ordo, et his similia. Cum vero spontanea sit, uti demonstratum est, coalitio ab omni vi cogente libera, sequitur necessario, quod jus legum condendarum penes nullum nisi ipsam societatem esse potest, vel illos saltem, quod eodem recidit, quos ipsa societas assensu suo comprobaverit.

Sed dices: Vera esse non potest ecclesia, quae episcopum vel presbyterium non habet, gubernandi authoritate derivata ab ipsis usque Apostolis, continua et non interrupta successione instructum.

Primo, rogo ut edictum ostendas, ubi hanc legem ecclesiae suae posuit Christus; nec vanus ero, si diserta in re tanti momenti verba requiram. Aliud suadere videtur effatum illud: *Ubicumque duo vel tres congregantur in meo nomine, ibi ego ero in medio ipsorum.* An coetui, in cujus medio erit Christus, aliquid deerit ad veram ecclesiam, ipse videris. Nihil certe illic deesse potest ad veram salutem; quod ad rem nostram sufficit.

Secundo, videas quaeso illos, qui rectores ecclesiae a Christo institutos et successione continuandos volunt, in ipso limine inter se dissentientes. Lis haec necessario permittit eligendi libertatem, scilicet ut integrum sit cuivis ad eam accedere, quam ipse praefert ecclesiam.

Tertio, habeas quem tibi praeponas necessariumque credis hujusmodi longa serie designatum rectorem, dum ego interim me

que seja errôneo na doutrina ou incongruente no culto, com a mesma liberdade com a qual ingressou, é necessário que sempre possa também sair, pois não pode haver vínculos indissolúveis, a não ser aqueles que estão ligados a certa expectativa de uma vida eterna. É com membros assim, espontaneamente unidos para esse fim, que a igreja se constitui.

Segue-se que devemos nos perguntar qual é o seu poder e a que leis está sujeita.

Visto que nenhuma sociedade (não importa quão livre seja ou se instituída para uma causa banal; digamos, se for uma sociedade de homens das letras dedicados à filosofia ou de mercadores dedicados aos negócios ou, ainda, de homens ociosos reunidos para conversar e confraternizar entre si) pode subsistir, mas imediatamente se dissolveria, se estivesse destituída de leis, é necessário que a igreja tenha também as suas leis: que tenha uma regra, por exemplo, para o lugar e o tempo das reuniões das assembleias; que se proponham condições pelas quais alguém é admitido ou excluído da sociedade; que se constituam os diferentes cargos e a ordem das competências e outras coisas semelhantes. Como se trata de uma reunião espontânea, como foi demonstrado, livre de qualquer força coercitiva, segue-se, necessariamente, que o direito de estabelecer suas leis só pode estar na própria sociedade, em mais ninguém, salvo naqueles, o que dá no mesmo, que a própria sociedade tiver, por consentimento, aprovado.

Mas dirás: uma igreja não pode ser verdadeira se não tiver um bispo ou presbitério,[22] com autoridade de governar derivada dos próprios apóstolos, que seja formado ao longo de uma contínua e ininterrupta sucessão.

Em primeiro lugar, peço que me mostres o decreto pelo qual Cristo impôs essa lei à sua igreja[23] – e eu não serei frívolo em uma questão tão grave se exigir palavras expressas. Sua proposição parece dizer outra coisa: *Onde quer que dois ou três se reúnam em meu nome, aí estarei no meio deles.*[24] Se em uma assembleia, em cujo meio Cristo estiver, faltar alguma coisa para ser uma verdadeira igreja, tu mesmo examina. Nada certamente lhe pode estar faltando para a verdadeira salvação, o que para nós é suficiente.

Em segundo lugar, peço-te para observar aqueles que desejam que os dirigentes da igreja sejam instituídos por Cristo e devam se suceder continuamente: eles divergem entre si desde o início. Essa desavença necessariamente permite uma liberdade de escolha, de modo que, não há dúvida, é legítimo a qualquer um filiar-se à igreja de sua preferência.

Em terceiro lugar, concedo que tenhas o dirigente que tu colocas acima de ti, o qual necessariamente acreditas designado, desse modo, por

isti societati adjungo, in qua mihi persuasum est repertum iri ea quae ad animae salutem sunt necessaria. Itaque utrique nostrum salva est, quam poscis, ecclesiastica libertas, nec alteruter alium habet quam quem ipse sibi elegerit legislatorem.

Quandoquidem autem de vera ecclesia adeo sollicitus es, obiter hic rogare liceat, an non verae ecclesiae Christi magis conveniat eas communionis conditiones stabilire, quibus illa et illa sola continentur, quae Spiritus Sanctus in Sacra Scriptura clare et disertis verbis docuit ad salutem esse necessaria, quam sua vel inventa vel interpretamenta tanquam legem divinam obtrudere et ea tanquam ad professionem Christianam omnino necessaria legibus ecclesiasticis sancire, de quibus aut nihil prorsus, aut non decretorie saltem pronuntiarunt eloquia divina. Qui ea poscit ad communionem ecclesiasticam quae Christus non poscit ad vitam aeternam, ille ad suam opinionem et utilitatem forte societatem commode constituit. Sed ea Christi quomodo dicenda, quae alienis institutis stabilitur ecclesia, et ex qua illi excluduntur quos olim recipiet Christus in regnum caelorum? Sed cum verae ecclesiae notas indagare hujus loci non sit, eos saltem qui pro suae societatis placitis tam acriter contendunt et nihil nisi ecclesiam, non minore strepitu et forsan eodem instinctu quo olim argentarii illi Ephesii Dianam suam, *Act.* XIX, continuo crepant, unum hoc monitos vellem, Evangelium scilicet passim testari, veros Christi discipulos expectare et pati debere persecutiones; veram autem Christi ecclesiam alios persequi aut insectari debere, vel vi, ferro et flammis ad fidem et dogmata sua amplectenda cogere, non memini me uspiam in Novo Testamento legisse.

Finis societatis religiosae, uti dictum, est cultus Dei publicus et per eum vitae aeternae acquisitio. Eo igitur collimare debet tota disciplina; his finibus circumscribi omnes leges ecclesiasticae. Nihil in hac societate agitur nec agi potest de bonorum civilium vel terrenorum possessione; nulla hic, quacunque de causa, adhibenda vis, quae omnis ad magistratum civilem pertinet; bonorumque externorum possessio et usus illius subjacet potestati.

Dices: Quae igitur sanctio leges ecclesiasticas ratas habebit, si coactio omnis abesse debet? Respondeo: Ea sane quae convenit

uma longa sucessão, desde que, ao mesmo tempo, eu, de minha parte, una-me àquela sociedade na qual estou convencido de poder encontrar o que é necessário para a salvação da alma. Dessa maneira, ressalva-se para cada um de nós a liberdade eclesiástica que exiges, e nenhum de nós tem outro legislador senão aquele que cada um elege para si.

Porém, haja vista que estás tão preocupado com a verdadeira igreja, permita-me perguntar, a propósito, se para a verdadeira igreja do Cristo não seria mais conveniente estabelecer condições de comunhão[25] nas quais estivessem contidas aquelas coisas, e somente aquelas, que em palavras claras e expressas o Espírito Santo ensinou nas Sagradas Escrituras serem necessárias à salvação; se isso não seria mais conveniente do que impor invenções e interpretações tais quais lei divina e sancioná-las pelas leis eclesiásticas como inteiramente necessárias à profissão da fé cristã, interpretações e invenções sobre as quais as palavras divinas não pronunciaram nada absolutamente ou, ao menos, não decisivamente. Quem exige para a comunhão eclesiástica aquelas coisas que o Cristo não exige para a vida eterna constitui, talvez, uma sociedade adaptada à sua crença e benefício. Mas, como esta pode ser dita a igreja de Cristo, se se estabelece segundo outros princípios e dela são excluídos aqueles que um dia Cristo receberá no Reino dos Céus? Mas, como este não é o lugar para investigar os sinais da verdadeira igreja, dirijo-me apenas àqueles que contendem tão calorosamente pelos preceitos da sua própria sociedade e só sabem bradar, continuamente, "Igreja", com não menos barulho e talvez com a mesma inspiração a partir da qual aqueles ourives de Éfeso também bradaram por sua Diana (*Atos*, 19[26]). Gostaria de adverti-los que, não há dúvida, o Evangelho testemunha em várias partes[27] que os verdadeiros discípulos do Cristo devem esperar e sofrer perseguições, mas que a verdadeira igreja de Cristo deva perseguir ou acossar a outros, seja pela força, seja pelo ferro e fogo, de modo a coagi-los a abraçar sua fé e seus dogmas, isso não me lembro de ter lido em parte alguma do Novo Testamento.

A finalidade de uma sociedade religiosa, conforme foi dito, é o culto público de Deus e, através dele, a conquista da vida eterna. Portanto, toda disciplina deve colimar para isso; todas as leis eclesiásticas devem se circunscrever a tais fins. Nessa sociedade, nada se faz ou pode ser feito a respeito da posse dos bens civis ou terrenos, nenhuma força se deve aplicar aqui, seja por que causa for, porque toda força pertence ao magistrado civil: a posse e o uso dos bens exteriores estão sujeitos ao seu poder.

Dirás: qual sanção assegurará, assim, o cumprimento das leis eclesiásticas, se elas devem estar isentas de qualquer coerção? Respondo: para nada

rebus quarum externa professio et observantia nihil prodest, nisi penitus animis insideant plenumque conscientiae assensum in his obtineant; nempe hortationes, monita, consilia, arma sunt hujus societatis, quibus membra in officio continenda. Si his non corrigantur delinquentes errantesque reducantur in viam, nihil aliud restat, nisi ut reluctantes et obstinati, nullamque melioris frugis de se spem praebentes, a societate prorsus sejuncti rejiciantur. Haec suprema et ultima est potestatis ecclesiasticae vis, quae nullam aliam infert poenam, nisi quod, cessante relatione inter corpus membrumque abscissum, damnatus desinit ecclesiae illius esse pars.

His ita constitutis, inquiramus porro quae cujusque sunt circa tolerantiam officia.

Primo, dico quod nulla ecclesia tenetur tolerantiae nomine eum sinu suo fovere qui monitus obstinate peccat contra leges in ea societate stabilitas; quas si cui impune violare licet, de societate actum est, cum hae sint et communionis conditiones et unicum societatis vinculum. Veruntamen cavendum est, ne excommunicationis decreto adjiciatur vel verborum contumelia vel facti violentia, qua vel corpus ejecti vel bona quoquo modo laedantur. Vis enim tota, uti dictum, magistratus est, nec privato cuivis permissa, nisi solum ut illatam repellat. Excommunicatio nihil bonorum civilium, aut quae privatim possidebat, excommunicato aufert aut auferre potest. Ea omnia ad civilem statum pertinent et magistratus tutelae subjiciuntur. Excommunicationis vis tota in eo unice consistit, ut declarata societatis voluntate solvatur unio inter corpus et membrum aliquod; qua cessante relatione necessario cessat quarundam rerum communio quas membris suis tribuit societas; ad quas nemo jus habet civile. Nulla enim facta est excommunicato civilis injuria, si minister ecclesiae panem et vinum non illius, sed aliena pecunia emptum, illi non dat in celebratione coenae dominicae.

Secundo, nemo privatus alterius bona civilia quoquo modo invadere aut imminuere debet, propterea quod a sua religione suisque ritibus alienum se profiteatur. Omnia illi tam humanitatis

contribui a sanção que é apropriada a coisas cujas observância e profissão são exteriores, a menos que elas se radiquem no fundo da alma e obtenham um pleno assentimento da consciência. Sendo assim, exortações, advertências e conselhos são as armas dessa sociedade, às quais é dever de seus membros se limitar. Se, através delas, os pecadores não são corrigidos e os errantes não são reconduzidos ao caminho, nada mais resta, senão separar e excluir inteiramente da sociedade tais relutantes e obstinados, que não oferecem mais qualquer esperança de melhores frutos de si mesmos. Essa é a suprema e última força do poder eclesiástico, que não fixa nenhuma outra pena senão interromper a relação entre o corpo e o membro cortado, deixando o condenado de ser parte da igreja.

Tendo estabelecido tais coisas, investiguemos, doravante, quais e de quem são os deveres relativos à tolerância.

Primeiramente, afirmo que nenhuma igreja, em nome da tolerância, tem de abrigar em seu seio aquele que, uma vez advertido, obstinadamente continua pecando contra as leis estabelecidas nessa sociedade, pois, se é lícito a alguém violá-las impunemente, coloca-se em risco a própria sociedade, já que elas são as condições de comunhão e o único vínculo dessa sociedade. Não obstante, deve-se ter cuidado para que o decreto de excomunhão não seja acompanhado de insultos verbais ou de ações violentas, de modo que a pessoa expulsa não tenha nem o corpo nem seus bens feridos. Toda a força, conforme dito, pertence ao magistrado, e seu uso não é permitido a nenhuma pessoa privada, exceto para se defender de agressões.[28] A excomunhão não priva, nem pode privar, o excomungado de nenhum de seus bens civis ou privados. Tudo isso diz respeito à sua condição civil e está sujeito à proteção do magistrado. Toda a força da excomunhão consiste unicamente nisto: declarada a vontade da sociedade, a união entre o corpo e um membro se dissolve, porque, cessando essa relação, necessariamente cessa também a comunhão nas coisas que a sociedade concede aos seus membros, sobre as quais ninguém tem qualquer direito civil. De fato, nenhuma injúria[29] civil é cometida contra o excomungado, quando o ministro da igreja não lhe oferta, durante a celebração da ceia dominical, o pão e o vinho que foram comprados não com o seu dinheiro, mas com o de outros.

Em segundo lugar, nenhuma pessoa privada deve, de modo algum, assaltar ou destruir os bens civis de outra, simplesmente porque ela professa uma religião e ritos diferentes dos seus. Todos os seus direitos como ser

quam civitatis jura sancte conservanda. Religionis haec non sunt; sive Christianus sit sive ethnicus, ab omni vi et iniuria temperandum. Justitiae mensura benevolentiae et charitatis officiis cumulanda. Hoc jubet Evangelium, suadet ratio et, quam conciliavit natura, hominum inter ipsos communis societas. Si a recto tramite aberrat, sibi soli errat miser, tibi innocuus; nec igitur a te male mulctandus debet hujus vitae bonis excidere, quod in futuro saeculo credis periturum.

Quod de mutua privatorum hominum inter se de religione dissidentium tolerantia dixi, id etiam de ecclesiis particularibus dictum volo, quae inter se privatae quodammodo sunt personae, nec altera in alteram jus aliquod habet, ne tum quidem, si forte accidat, cum magistratus civilis hujus vel illius ecclesiae sit: quandoquidem respublica nullum jus novum tribuere potest ecclesiae, uti nec vice versa ecclesia reipublicae. Siquidem ecclesia, sive magistratus ei se adjungat sive deserat, manet semper eadem quae ante, libera et voluntaria societas; nec accedente magistratu gladii potestatem acquirit; nec decedente, quam prius habuit docendi excommunicandive amittit disciplinam. Hoc spontaneae societatis semper erit immutabile jus, ut ex suis, quos visum fuerit, abalienare possit: nullam vero quorumvis accessione acquirat in alienos jurisdictionem. Quare pax, aequitas et amicitia inter diversas ecclesias, uti inter privatos homines, sine juris alicujus praerogativa semper et aequabiliter colenda.

Ut exemplo res clara fiat, ponamus Constantinopoli duas, alteram Remonstrantium, alteram Antiremonstrantium ecclesias. An aliquis dicat alteri earum jus competere, ut dissentientes alios, quod diversa habent vel dogmata vel ritus, libertate vel bonis spoliet (quod alibi factum videmus), vel exilio vel capite puniat, tacente interim et ridente Turca, dum Christiani Christianos crudelitate et laniena vexant? Si vero altera harum ecclesiarum in alteram saeviendi habet potestatem, rogo: quaenam ex duabus, et quo jure? Respondebitur sine dubio: orthodoxa in errantem vel haereticam. Hoc est magnis et speciosis verbis nihil dicere. Quaelibet ecclesia sibi orthodoxa est, aliis erronea vel haeretica; siquidem quae credit vera esse credit, quae in diversum

humano ou cidadão lhe devem ser sacramente preservados. Essas coisas não são próprias da religião: seja alguém cristão, seja pagão, deve refrear toda força e injúria. Deve-se acrescentar aos deveres da benevolência e caridade uma medida de justiça.[30] É isso que o Evangelho ordena, que a razão nos persuade e que a natureza recomendou, a sociedade comum dos homens entre si. Se alguém se desvia do bom caminho, o infeliz arruína somente a si mesmo, é inofensivo para ti; não deve ser punido por ti, tendo destituídos os bens da sua vida, porque crês que perecerá na vida futura.

O que afirmei sobre a tolerância mútua entre pessoas privadas que divergem entre si quanto à religião quero também igualmente aplicar às igrejas particulares, que se relacionam entre si do mesmo modo que as pessoas privadas: uma não tem qualquer direito sobre a outra, nem quando, como às vezes acontece, o magistrado civil pertence a esta ou àquela igreja, pois o Estado não pode conceder nenhum novo direito à igreja, nem a igreja ao Estado. Dado que uma igreja, seja quando o magistrado se une a ela, seja quando a deixa, mantém-se sempre como era antes, uma sociedade livre e voluntária, ela não obtém o poder da espada quando o magistrado a ela se filia, tampouco perde a preeminência que antes tinha de ensinar ou excomungar, quando ele dela se retira. Este será sempre o direito imutável de uma sociedade espontânea: que ela possa repelir dentre os seus quem lhe parecer devido, mas, com a adesão de quem quer que seja, ela não obtém jurisdição sobre aqueles que lhe forem estranhos. Por consequência, a paz, a igualdade e a amizade entre diferentes igrejas, assim como entre as pessoas privadas, devem sempre ser cultivadas de forma equânime, sem a prerrogativa de direito umas sobre as outras.

Para que a matéria fique mais clara com um exemplo, consideremos duas igrejas em Constantinopla: a dos remonstrantes e a dos antirremonstrantes.[31] Por acaso alguém diria a qualquer uma delas competir o direito de espoliar os outros, os que divergem por terem dogmas ou ritos diferentes, de sua liberdade ou de seus bens (o que vemos ser feito alhures) ou puni-los com o exílio ou com a morte, ao passo que, enquanto isso, os turcos, rindo e em silêncio, assistem a cristãos dilacerarem cristãos cruelmente? Se, todavia, uma dessas igrejas tem o poder de fustigar a outra, eu pergunto: qual das duas e com que direito? A resposta será, sem dúvida: a ortodoxa sobre a errante ou herética. Isso é usar palavras elevadas e majestosas para não dizer absolutamente nada. Toda igreja é ortodoxa para si mesma e errônea ou herética para as outras, pois as coisas em que ela acredita, acredita serem verdadeiras, e as coisas diferentes e

abeunt erroris damnat. Itaque de dogmatum veritate, de cultus rectitudine, inter utramque lis aequa est, nulla judicis, qui nullus aut Constantinopoli aut in terris est, sententia componenda. Quaestionis decisio ad supremum omnium hominum judicem unice pertinet, ad quem etiam solum pertinet errantis castigatio. Interim cogitent, quanto gravius illi peccant qui, si non errori, saltem superbiae addunt injustitiam, dum alieni domini servos, sibi minime obnoxios, temere et insolenter dilacerant.

Quod si certo constare possit, quaenam inter dissidentes recte de religione sentiret, non inde accresceret orthodoxae ecclesiae potestas alias spoliandi, cum ecclesiarum in res terrestres nulla sit jurisdictio; nec ferrum et ignis ad errores arguendos mentesque hominum aut informandas aut convertendas idonea sunt instrumenta. Fac tamen alteri parti favere magistratum civilem, suumque illi praebere velle gladium, ut heterodoxos se annuente quocunque velit modo castiget. An a Turca Imperatore ecclesiae Christianae in fratres jus aliquod accedere posse quis dixerit? Infidelis, qui sua authoritate Christianos ob fidei dogmata punire non potest, societati cuivis Christianae authoritatem istam minime potest impertire, nec jus, quod ipse non habet, dare. Eandem rationem in Christiano esse regno cogita. Potestas civilis ubique eadem est, nec majorem potest tribuere ecclesiae authoritatem in manu principis Christiani quam ethnici, id est, nullam. Quanquam hoc observatu forte dignum est, quod animosiores hi veritatis satellites, errorum oppugnatores, schismatum impatientes, zelum istum suum pro Deo, quo toti accenduntur et ardent, nuspiam pene expromunt, nisi ubi faventem sibi habent magistratum civilem. Ubi primum gratia apud magistratum, adeoque viribus sunt superiores, violanda ilico pax et charitas Christiana; alias colenda est mutua tolerantia. Quando robore civili impares sunt, innoxie et patienter ferre possunt, a quo tantum sibi et religioni alias metuunt, idololatriae, superstitionis, haereseos in vicinia contagium; nec libenter aut fervide arguendis erroribus, qui aulae et magistratui placent, impendunt operam. Quae tamen vera et sola est propagandae veritatis methodus, juncto scilicet

desviantes, condena como erros. Assim, a desavença quanto à verdade dos dogmas e a retidão do culto é igual para os dois lados. Nenhum juiz, estando em Constantinopla ou em qualquer lugar da Terra, pode proferir uma sentença. A decisão dessa questão pertence unicamente ao supremo juiz de todos os homens, a quem – e somente a Ele – pertence o castigo dos errantes. Enquanto isso, que considerem quão mais grave pecam aqueles que acrescentam injustiça, se não ao seu próprio erro, ao menos à sua soberba, quando irrefletida e arrogantemente dilaceram os servos de outro senhor, que não estão sob seu domínio.

Se pudéssemos estar certos quanto a isso, sobre qual dentre os que divergem teria a crença religiosa correta, nem assim seria conferido à igreja ortodoxa o poder de espoliar outras, já que igrejas não possuem qualquer jurisdição sobre assuntos terrestres, e o ferro e o fogo tampouco são instrumentos adequados para refutar os erros e informar ou converter as mentes dos homens. Considera, entretanto, que o magistrado civil seja favorável a uma das partes e queira colocar sua espada à disposição dela, de modo que, com a sua anuência, ela possa castigar a quem quiser. Por acaso, alguém afirmaria que algum direito de uma igreja cristã sobre seus irmãos poderia provir do imperador turco? Um infiel, que não pode, por autoridade própria, punir os cristãos quanto aos dogmas da fé, não pode, de forma alguma, transmitir tal autoridade a qualquer sociedade cristã nem conferir um direito que ele próprio não tenha. Considera que o mesmo raciocínio se aplica a um reino cristão. O poder civil é o mesmo em toda parte e não poderia atribuir maior autoridade à igreja se estivesse nas mãos de um príncipe cristão do que se estivesse nas de um pagão, ou seja, nenhuma. Contudo, talvez seja conveniente observar que os combatentes mais aguerridos pela verdade, aqueles que atacam os erros e que não suportam cismas, quase nunca manifestam esse seu zelo por Deus, pelo qual tanto ardem e se inflamam, quando não têm ao seu lado o magistrado civil. Tão logo se tornam superiores por graça do magistrado e, consequentemente, mais fortes, sem demora a paz e a caridade cristãs passam a ser transgredidas; quando não é assim, a tolerância mútua deve ser cultivada. Quando são inferiores em poder civil, conseguem suportar, próximo de si, ilesa e pacientemente, o contágio da idolatria, da superstição e dos hereges, diante dos quais, noutros momentos, tanto temem por si próprios e por sua religião, e não realizam esforços para, de bom grado e com fervor, refutar os erros que agradam à corte e ao magistrado. Entretanto, este é o único e verdadeiro método de propagar

cum humanitate et benevolentia rationum et argumentorum pondere.

Nullae igitur sive personae sive ecclesiae sive demum respublicae jus aliquod habere possunt bona civilia invicem invadendi seque mutuo rebus mundanis spoliandi, sub praetextu religionis. Qui aliter sentiunt, velim secum reputent, quam infinitam praebent humano generi litium et bellorum materiem, quantum ad rapinas et caedes et aeterna odia incitamentum. Nec uspiam securitas aut pax, nedum amicitia, inter homines stabiliri aut subsistere potest, si ea obtineat opinio, dominium scilicet fundari in gratia et religionem vi et armis propagandam.

Tertio, videamus quid tolerantiae officium exigit ab iis qui a reliquo coetu et gente laica, uti loqui amant, charactere et munere aliquo ecclesiastico distinguuntur, sive sint episcopi, sacerdotes, presbyteri, ministri, vel quocunque alio nomine veniant. De origine sive potestatis sive dignitatis clericae jam non est inquirendi locus; hoc tamen dico: undecunque orta est eorum authoritas, cum sit ecclesiastica, inter ecclesiae cancellos debet coerceri, nec ad res civiles quovis modo potest extendi, quandoquidem ipsa ecclesia a republica rebusque civilibus prorsus sejuncta est et separata. Fixi et immobiles sunt utrique limites. Caelum et terram, res disjunctissimas, miscet qui has duas societates, origine, fine, materia, toto caelo diversas velit confundere. Quare nemo, quocunque demum munere ecclesiastico ornatus, potest quemvis hominum, a sua ecclesia vel fide alienum, vita, libertate, aut quavis bonorum terrestrium parte mulctare religionis causa. Quod enim integrae non licitum est ecclesiae, id alicui ejus membro jure ecclesiastico licere non potest.

Nec viris ecclesiasticis satis est a vi et rapina et omnimoda persecutione abstinere. Qui se successorem profitetur Apostolorum et docendi munus in se suscepit, tenetur porro monere suos de pacis et benevolentiae officiis erga omnes homines, tam erroneos quam orthodoxos, tam secum sentientes quam a fide sua vel ritibus alienos; et cunctos, sive privatos sive rempublicam gerentes, si qui hujusmodi sint in sua ecclesia, ad charitatem, mansuetudinem, tolerantiam hortari, omnemque illam aversationem et contra

a verdade, a saber, quando os argumentos e razões são medidos juntos com a humanidade e a benevolência.

Logo, nenhuma pessoa ou igreja, nem mesmo os Estados, podem ter qualquer direito de invadir os bens civis uns dos outros e de se espoliar mutuamente das coisas deste mundo, sob o pretexto da religião. Gostaria que aqueles que pensam de outro modo considerassem consigo próprios a infinidade de motivos para disputas e guerras e a quantidade de incitações a rapinas, massacres e ódios eternos eles fornecem ao gênero humano. Em parte alguma, a segurança ou a paz, menos ainda a amizade, podem se estabelecer e subsistir entre os homens, se prevalecer a crença de que o domínio se funda na graça[32] e que a religião tem de ser propagada pela força e pelas armas.

Em terceiro lugar, vejamos o que o dever da tolerância exige daqueles que se distinguem do resto da coletividade, dos leigos, como gostam de dizer, por alguma característica e por algum cargo eclesiástico, sejam eles bispos, sacerdotes, presbíteros, ministros[33] ou como quer que se chamem. Aqui não é o lugar próprio para inquirir sobre a origem do poder ou da dignidade clericais; digo, contudo, isto: independentemente de onde tenha surgido sua autoridade, como é eclesiástica, ela deve se restringir às fronteiras da igreja e não pode se estender de modo algum aos assuntos civis, já que a igreja em si é completamente separada e distinta do Estado e dos assuntos civis. Fixos e imóveis são os limites em ambos os lados. Quem quer confundir essas duas sociedades tão diversas em seus horizontes, em sua origem, finalidade, substância está misturando céu e terra, realidades completamente diferentes. Portanto, ninguém, não importa o cargo eclesiástico com que esteja investido, pode punir qualquer homem não pertencente à sua igreja ou à sua fé em sua vida, liberdade ou qualquer parte dos bens terrestres por causa da religião. De fato, aquilo que não é lícito à igreja como um todo não pode, pelo direito eclesiástico, ser lícito a quaisquer de seus membros.

Não é o bastante, porém, que os clérigos se abstenham da força, da rapina e de toda forma de perseguição. Aquele que se declara um sucessor dos apóstolos e assume para si o ofício de ensinar tem de, a partir de então, advertir os seus acerca dos deveres da paz e da benevolência para com todos os homens, tanto errôneos quanto ortodoxos, tanto os que pensam como ele quanto os que não pertencem à sua fé e aos seus ritos; exortar a todos, sejam pessoas privadas, sejam administradores do Estado, se houver algum desses em sua igreja, à caridade, à mansidão, à tolerância; e reter e abrandar toda aquela aversão e o ardor da alma contra os heterodoxos, que possam

heterodoxos animi ardorem compescere et lenire, quem aut suus cujusque pro sua religione et secta feroculus zelus, aut aliorum astus in mentibus accenderit. Qui et quantus tam in ecclesia quam republica perciperetur fructus, si doctrina pacis et tolerantiae resonarent pulpita, nolo dicere, ne quid gravius a me dictum in eos videatur, quorum dignitatem a nemine, ne a seipsis quidem, imminutam vellem. Verum dico hoc ita fieri oportere, et si quis, qui se ministrum verbi divini profitetur et praeconem Evangelii pacis, alia docet, negotium sibi demandatum aut nescit aut negligit, cujus aliquando principi pacis reddet rationem. Si monendi sint Christiani, ut a vindicta abstineant iteratis lacessiti injuriis usque ad septuagies septies, quanto magis illi ab omni ira et inimica vi sibi temperare debent qui nihil ab alio passi sunt, et cavere maxime ne illos quoquo modo laedant a quibus nulla in re fuerint laesi; praecipue ne aliis quodvis intentent malum, qui res suas solum agunt et de hoc uno solliciti sunt, ut Deum colant eo modo quem, neglecta hominum opinione, ipsi Deo maxime acceptum fore credunt, et eam amplectuntur religionem quae ipsis maximam spem facit salutis aeternae. Si de re domestica et facultatibus, si de corporis valetudine agatur, quid e re sua fuerit apud se consulere cuivis integrum est, illudque sequi permissum quod suo judicio sit optimum. De vicini sui re familiari male administrata nemo queritur; de semendis agris vel locanda filia erranti nemo irascitur; in popinis decoquentem nemo corrigit; diruat, aedificet, sumptus faciat suo more: tacitum est, licitum est. Si vero templum publicum non frequentet, si illic debito ritu corpus non flectat, si liberos hujus vel illius ecclesiae sacris initiandos non tradat, fit murmur, clamor, incusatio; quisque tanti criminis paratus est vindex, et a vi et rapina vix sibi temperant zelotae, dum in jus vocatur, et sententia judicis vel corpus carceri necive tradat, vel bona hastae subjiciat. Oratores ecclesiastici cujusque sectae aliorum errores, qua possunt, argumentorum vi redarguant et debellent, sed hominibus parcant. Quod si destituantur rationum momentis, absona et alieni fori instrumenta ne adsciscant, ecclesiasticis non tractanda; nec in subsidium suae vel eloquentiae vel doctrinae

ter sido acesos em suas mentes pelo zelo feroz em prol de sua religião e de sua seita ou pela astúcia de outros. Não quero dizer quais e quão grandes seriam os frutos colhidos tanto na igreja quanto no Estado, se os púlpitos ressoassem a doutrina da paz e da tolerância, para que não pareça que algo muito severo seja dito por mim contra aqueles cuja dignidade não desejaria que fosse diminuída por ninguém, nem mesmo por eles próprios. Porém, digo que as coisas deveriam ser assim, e, se alguém que se declare ministro do Verbo Divino e pregador do Evangelho da paz ensina algo diferente, é porque ou desconhece ou negligencia as tarefas que lhe são demandadas, das quais um dia terá de prestar contas ao Príncipe da Paz. Se os cristãos devem ser exortados a se abster de revidar até setenta vezes sete,[34] quando forem acometidos por repetidas injúrias, quanto mais, então, devem refrear a ira e a força hostil aqueles que nada sofreram por causa de outra pessoa e cuidar ao máximo para não ferir de qualquer modo aqueles por quem em nada foram feridos; cuidar, principalmente, de não fazer qualquer mal contra aqueles que somente se ocupam com suas próprias coisas e só estão preocupados com uma única: independentemente da crença dos homens, cultuar a Deus do modo como eles próprios acreditam ser mais bem aceito por Deus e abraçar a religião que mais lhes oferece a esperança da salvação eterna. Quando se trata de assuntos domésticos e das posses, quando se trata da saúde do corpo, é legítimo a cada um avaliar consigo mesmo aquilo que disser respeito a si e permitido seguir o que seu juízo considerar ser o melhor. Ninguém se queixa do vizinho que tem as propriedades familiares mal administradas, ninguém se enfurece com alguém que comete um erro ao semear sua terra ou ao dar a filha em casamento, ninguém corrige um esbanjador nas tavernas: que destrua, que edifique, que faça as despesas como convier, não há nada a dizer, tudo é lícito. Se, porém, alguém não frequenta o templo público, se lá não inclina o corpo conforme o rito, se não oferece aos seus filhos a iniciação aos sacramentos desta ou daquela igreja, logo vêm o murmúrio, a gritaria, a repreensão. Todo mundo está a postos para vingar tamanho crime, e os fanáticos dificilmente refreiam a força e a rapina, enquanto ele é convocado à justiça e, por uma sentença judicial, entrega o corpo ao cárcere ou à morte ou tem seus bens leiloados. Que os oradores eclesiásticos de cada seita, tanto quanto puderem, refutem e debelem com a força dos argumentos os erros das outras, mas poupem as pessoas. Se estiverem destituídos do vigor da razão, que não admitam instrumentos destoantes e pertencentes a outro foro, os quais não devem ser manejados pelos clérigos, nem peguem emprestado do magistrado as fasces e o machado, como reforços para sua eloquência ou

a magistratu fasces et secures mutuentur, ne forte dum prae se ferunt veritatis amorem, zelus eorum ferro et igne nimium effervescens affectatae dominationis fiat indicium. Haud facile enim persuadebit viris cordatis se vehementer et sincere cupere fratrem in futuro saeculo ab igne gehennae tutum salvumque fore, qui siccis oculis et prono animo vivum hic tradit carnifici concremandum.

Quarto, quae sunt magistratus partes, quae sane circa tolerantiam maximae sunt, ultimo jam loco videndum.

Supra probavimus ad magistratum non pertinere animarum curam, authoritativam (si ita loqui liceat) volo, quae scilicet legibus jubendo poenisque cogendo exercetur; charitativa enim quae docendo, monendo, suadendo consulit, nemini negari potest. Itaque penes quemque animae suae cura est, eique permittenda. Dices: Quid si animae suae curam negligit? Respondeo: Quid si sanitatis? Quid si rei familiaris, quae res propius magistratus imperio subjacent? An magistratus edicto ad eam rem facto cavebit ne pauper vel aeger fiat? Leges quantum fieri potest subditorum bona et sanitatem ab aliena vi vel fraude tueri conantur, non a possidentis incuria vel dissipatione. Nemo ut valeat, ut ditescat, invitus cogi potest. Invitos ne quidem Deus servabit. Fac tamen principem subditos ad opes acquirendas vel corporis robur tuendum velle cogere. Anne solos medicos Romanos consulendos esse lege statutum erit, et ad eorum praescriptum vivere quisque tenebitur? Numquid nullum sumendum vel medicamentum vel obsonium, nisi quod in Vaticano paratum, aut a Genevensi prodierit officina? Vel ut subditis domi suae abunde sit et laute, anne omnes lege tenebuntur mercaturam vel musicam exercere? An quisque fiet vel caupo vel faber, quibus artibus aliqui satis commode familiam suam sustentant opibusque augent? Sed dices: Quaestus mille sunt artes, unica salutis via. Recte sane dictum, ab iis praesertim, qui ad hanc vel illam cogere vellent; nam si plures essent, ne cogendi quidem inveniretur praetextus. Quod si ego secundum geographiam sacram recta Hierosolymas totis viribus contendo, cur vapulo quod non cothurnatus forsan vel certo modo lotus

doutrina, para que, talvez, enquanto pretendem mostrar amor à verdade, o seu excessivo zelo, inflamado com o ferro e o fogo, não seja indício de uma dominação muito desejada. Dificilmente convencerá os homens sensatos de que deseja sincera e veementemente que, na vida futura, o irmão esteja são e salvo do fogo do inferno, aquele que, com olhos secos e alma tranquila, entrega-o ao algoz para ser atirado vivo à fogueira.

Em quarto lugar, por fim, vejamos agora quais são as incumbências do magistrado acerca da tolerância, que são muito importantes.

Acima, provamos que não pertence ao magistrado o cuidado das almas, quero dizer, um cuidado autoritativo (se assim se pode chamá-lo), que, não há dúvida, exerce-se através de ordens em lei e da coerção pelas penalidades; um cuidado caritativo, entretanto, que aconselha ensinando, advertindo e persuadindo, a ninguém pode ser negado. Assim, cabe a cada um o cuidado com a sua alma e a cada qual isso deve ser permitido. Dirás: e se alguém negligencia o cuidado com sua alma? Respondo: e se negligencia o cuidado com sua saúde? E se negligencia o cuidado com as suas propriedades familiares, que, mais de perto, estão sob o governo do magistrado? Por acaso o magistrado, através de um decreto, tomará providências quanto a esse fato, para que essa pessoa não se torne pobre ou enferma? As leis buscam defender, na medida do possível, os bens e a saúde dos súditos da força ou dos crimes alheios, não da incúria ou da dilapidação de seus proprietários. Ninguém, contra sua vontade, pode ser coagido a ser saudável ou rico. Nem Deus salvará alguém contra sua vontade. Considere, contudo, que o príncipe queira coagir os seus súditos a adquirir riquezas ou a manter a saúde do corpo. Por acaso será instituído por lei que somente médicos romanos deverão ser consultados e que cada um será obrigado a viver de acordo com as prescrições deles? Porventura, nada se deverá consumir, seja um medicamento, seja um alimento, a não ser aquele que for preparado no Vaticano ou provier de uma loja de Genebra?[35] Ou, para que os súditos tenham riqueza e conforto em seus lares, por acaso todos deverão ser obrigados, por lei, a exercer o comércio ou a música? Ou cada um deles deverá se tornar taberneiro ou artífice, artes com as quais alguns conseguem sustentar confortável e suficientemente sua família e aumentar suas riquezas? Mas dirás: há mil artes lucrativas, mas um único caminho para a salvação. Muito bem-dito, principalmente por aqueles que querem coagir alguém a este ou àquele caminho, pois, se houvesse vários, não encontrariam qualquer pretexto para coagir. Se eu, com todas as minhas forças, dirijo-me para Jerusalém pelo caminho direto, segundo a geografia sagrada, por que apanho, simplesmente porque não avanço usando coturnos

vel tonsus incedo? quod carnibus in itinere vescor, vel victu utor stomacho et valetudini commodo? quod hinc inde aliqua diverticula vito, quae mihi videntur in praecipitia vel vepreta deducere? vel inter varios, qui ejusdem viae sunt et eodem tendentis, calles eum seligo qui minime sinuosus coenosusve apparet? quod illi minus modesti, hi morosiores visi sunt quam quibus me libenter vellem adjungere comitem? vel quod habeo vel non habeo mitratum vel alba stola indutum itineris ducem? Nam profecto si recte rem reputemus, hujusmodi plerumque sunt minoris momenti res quae fratres Christianos de summa religionis eadem et recte sentientes tam acriter committunt, et quae salva religione et animarum salute, modo absit superstitio vel hypocrisis, possint vel observari vel omitti.

Verum demus zelotis, et omnia quae sua non sunt damnantibus, ex his circumstantiis diversas et in diversa tendentes nasci vias; quid tandem proficiemus? Unica ex his revera salutis sit via. Verum inter mille, quas homines ingrediuntur, de recta ambigitur; nec cura reipublicae, nec legum condendarum jus, illam quae ducit ad caelum viam magistratui certius detegit quam suum privato studium. Debile traho corpus et gravi morbo languidum, cujus unicam eamque ignotam ponamus esse medelam. Ideone magistratus est praescribere remedium, quia unicum tantum est, idque inter tot varia ignotum? Ideone quia unicum quo mortem evitem mihi agendum restat, id quod jubet fieri magistratus erit tutum? Quae a singulis studio, consilio, judicio, cogitatione et sincera mente indaganda, ea non uni alicui hominum sorti, tamquam ipsi propria, tribuenda sunt. Nascuntur principes potestate superiores, natura vero aequales reliquis mortalibus, nec regnandi jus vel peritia secum trahit aliarum rerum certam cognitionem, nedum religionis verae. Si enim ita esset, qui fit quod de rebus religionis tam in diversum abeunt terrarum domini? Sed demus verosimile esse viam ad vitam aeternam principi esse quam subditis notiorem, vel saltem tutius commodiusve esse in hac rerum incertitudine illius mandatis obtemperare. Dices igitur: An si te juberet mercatura victum quaerere, recusares, quia dubitares an hac arte quaestum

ou, talvez, porque não fui banhado de maneira correta ou não estou com o cabelo cortado? Porque no trajeto me nutro de carnes ou sirvo-me de alimento adequado ao meu estômago e à minha saúde? Porque, de um lugar a outro, evito certos desvios que me parecem conduzir a precipícios ou a espinhais? Ou porque, entre várias trilhas, que pertencem ao mesmo caminho e levam ao mesmo lugar, opto por aquela que aparenta ser menos sinuosa e lamacenta? Porque alguns me pareceram menos tranquilos e outros mais enfadonhos do que eu gostaria como companheiros de viagem para de bom grado a eles me associar? Ou porque eu tenho ou não um guia ao longo do caminho paramentado de mitra ou estola branca?[36] Ora, certamente, se considerarmos a matéria de forma correta, reconheceremos que quase sempre são coisas de pequena monta como essas que tão duramente tornam inimigos dois irmãos cristãos, que, entretanto, quanto ao essencial da religião, creem no mesmo e com correção, coisas essas que, contanto que sem superstição e hipocrisia, podem ser observadas ou omitidas, sem prejuízo da religião e da salvação das almas.

Entretanto, concedamos aos fanáticos, os que condenam tudo que não lhes parece próprio, que dessas circunstâncias nascem diferentes caminhos que levam a diferentes lugares. O que tiramos disso, afinal? Que, em verdade, entre eles, há apenas um caminho da salvação. Entretanto, entre os milhares de caminhos que os homens percorrem, há controvérsia sobre o correto. Nem o cuidado com o Estado nem o direito de legislar revelam ao magistrado o caminho que conduz ao céu, de forma mais certa do que o empenho de uma pessoa privada. Eu arrasto um corpo fraco e debilitado por uma grave enfermidade, cujo remédio, suponhamos, é único e desconhecido. Será que, por causa disso, é apropriado ao magistrado prescrever o medicamento, já que há apenas um e, entre vários, desconhecido? Será seguro para mim, por haver uma única maneira de evitar a morte, agir de acordo com o que o magistrado ordena que seja feito? Aquelas coisas que, através do empenho, da deliberação, do juízo, da reflexão e da mente sincera, devem ser investigadas por cada um não devem ser atribuídas a uma única classe de homens como se lhes fossem próprias. Os príncipes nascem superiores em poder, entretanto, por natureza, iguais aos outros mortais; nem o direito nem a habilidade para reinar trazem consigo o conhecimento certo das demais coisas, menos ainda da verdadeira religião. Se fosse assim, o que faria com que os soberanos da Terra divergissem tanto em matéria religiosa? Mas concedamos ser verossímil que o caminho para a vida eterna seja mais bem conhecido pelo príncipe do que pelos súditos ou, ao menos, que seja mais seguro ou mais cômodo, na incerteza dessa matéria, obedecer às suas ordens. Dirás, então: se ele te

faceres? Respondeo: Mercator fierem jubente principe, quia si male succederet, ille oleum et operam mercatura perditam potens est alio modo abunde resarcire; et si famem pauperiemque, uti prae se fert, a me amotam velit, id facile praestare potest, si mea omnia absumpserit infelicis mercaturae mala sors. Verum hoc non fit in rebus vitae futurae. Si illic male operam locavero, si illic semel spe excidi, magistratus nequaquam potest resarcire damnum, levare malum, nec me in aliquam partem, multo minus in integrum restituere. Qua sponsione de regno caelorum cavebitur?

Dices forte: Magistratui civili de rebus sacris certum, quod sequi omnes debent, non tribuimus judicium, sed ecclesiae. Quod definivit ecclesia, id magistratus civilis ab omnibus observari jubet, et ne quis aliud in sacris vel agat vel credat quam quod docet ecclesia, authoritate sua cavet, adeo ut judicium sit penes ecclesiam; obsequium magistratus ipse praestat et ab aliis exigit. Respondeo: Venerandum illud Apostolorum tempore ecclesiae nomen sequioribus saeculis ad fucum faciendum non raro usurpatum fuisse quis non videt? Praesenti saltem in re nihil opis nobis affert. Ego unicam illam angustam quae ad caelum ducit semitam magistratui non magis notam esse dico quam privatis; ideoque tuto eum non possum sequi ducem qui, cum viae potest esse aeque ignarus, de mea certe salute non potest non esse minus sollicitus quam ego ipse. Inter tot gentis Hebraeae reges quotusquisque fuit, quem secutus aliquis Israelita non a vero cultu Dei deflexisset in idololatriam, in certam perniciem caeca hujusmodi obedientia ruiturus? Tu contra bono me esse animo jubes, in tuto dicis res est; jam enim magistratus non sua sed ecclesiae de rebus religionis decreta populo observanda proponit et sanctione civili stabilit. Sed rogo: cujus demum ecclesiae? Illius scilicet quae principi placet. Quasi vero ille de religione suum non interponit judicium, qui me in hanc vel illam ecclesiam lege, supplicio, vi cogit. Quid interest sive ipse me ducat, sive aliis ducendum tradat? Ex illius pariter pendeo voluntate, et de mea salute utrimque aeque statuit. Quanto securior Judaeus, qui ex edicto regis Baali se adjunxit, quod ipsi dictum sit regem suo

ordenasse a encontrar o teu sustento no comércio, tu recusarias, por duvidar de que esse ofício gere riqueza? Respondo: sob a ordem do príncipe, eu me tornaria um comerciante, pois, se eu não tiver sucesso, ele tem o poder de me recompensar abundantemente, de algum outro modo, pelo trabalho perdido no comércio; e se, como declara, ele quer afastar de mim a pobreza e a fome, pode facilmente me valer, se a má sorte de um negócio infeliz·me tiver privado de todos os meus bens. Contudo, isso não é verdade quanto ao que concerne à vida futura. Se nisso eu emprego mal os esforços, se nisso alguma vez perdi a esperança, o magistrado, de modo algum, pode ressarcir o dano, minimizar o mal e me restituir em parte, muito menos integralmente. Que garantia tem ele para cuidar do Reino dos Céus?

Dirás, talvez: não atribuímos ao magistrado civil a decisão correta sobre as coisas sagradas, que todos devem seguir, mas à igreja. Aquilo que a igreja determinar, isso o magistrado civil ordenará que seja observado por todos e cuidará, com sua autoridade, para que ninguém aja ou creia em outra coisa a não ser naquilo que a igreja ensina; sendo assim, a decisão permanece na igreja, o próprio magistrado lhe presta obediência e a cobra dos demais. Respondo: quem não vê que, não raro, o venerando nome da igreja do tempo dos apóstolos foi usurpado para produzir enganos nos séculos seguintes? Pelo menos no presente isso não nos ajuda. Afirmo que aquela única via estreita que conduz ao céu não é mais bem conhecida pelo magistrado do que pelas pessoas privadas, de modo que eu não posso, com segurança, seguir como um guia quem pode ser igualmente ignorante do caminho e não pode, certamente, estar mais preocupado do que eu próprio com a minha salvação. Entre tantos reis do povo hebreu, houve quantos que, se os seguisse, um israelita teria se extraviado do culto verdadeiro para a idolatria e, com uma obediência cega desse tipo, certamente caído em ruína? Tu, por outro lado, me mandas ter bom ânimo, afirmas que não há o que temer, já que os decretos sobre os assuntos religiosos que o magistrado propõe e institui com sanções civis, fazendo o povo observá-los, não são seus, mas da igreja. Mas eu pergunto: precisamente de qual igreja? Certamente, daquela que agrada ao príncipe. Como se ele, que, através da lei, do suplício ou da força, coage-me a esta ou àquela igreja, não interpusesse o seu próprio juízo a respeito da religião. Que diferença faz se ele próprio me conduz ou se me entrega a outros para eu ser conduzido? Eu dependo de sua vontade do mesmo modo e, nos dois casos, ele decide igualmente a minha salvação. Por acaso, um judeu, tendo adorado Baal[37] por decreto real, estaria mais salvo, simplesmente

arbitrio nihil in religione statuere, nihil subditis in cultu divino injungere, nisi quod sacerdotum concilio et illius religionis mystis comprobatum et pro divino habitum? Si ideo vera, ideo salutifera sit alicujus ecclesiae religio, quia sectae illius antistites, sacerdotes, asseclae eam laudant, praedicant et quantum possunt suffragiis suis commendant, quae tandem erit erronea, falsa, perniciosa? De Socinianorum fide dubito; Pontificiorum vel Lutheranorum cultus mihi suspectus est; an igitur tutior mihi ingressus est in hanc vel illam ecclesiam, jubente magistratu, quod ille nihil imperat, nihil de religione sancit, nisi ex authoritate et consilio doctorum istius ecclesiae? Quamquam si verum dicere volumus, facilius plerumque se aulae accommodat ecclesia (si ita dicendus sit ecclesiasticorum decreta facientium conventus) quam aula ecclesiae. Sub principe orthodoxo vel Ariano qualis fuit ecclesia, satis notum. Sed si haec nimis remota, recentiora nobis offert Anglorum historia, quam belle, quam prompte, ecclesiastici decreta, fidei articulos, cultum, omnia ad nutum principis componebant sub Henrico, Eduardo, Maria, Elizabetha; qui principes tam diversa de religione et sentiebant et jubebant, ut nemo nisi amens, pene dixeram atheus, asserere audeat quemvis virum probum et veri Dei cultorem posse salva conscientia, salva erga Deum veneratione, eorum de religione decretis obtemperare. Sed quid multa? Si rex, sive ex proprio judicio sive authoritate ecclesiastica et ex aliorum opinione, leges alienae religioni ponere velit, perinde est. Ecclesiasticorum, quorum dissentiones et dimicationes plus satis notae, nec magis sanum nec magis tutum judicium; neque aliquam vim potestati civili eorum undecumque collecta addere possunt suffragia. Quamquam hoc notatu dignum, quod principes ecclesiasticorum suae fidei et cultui non faventium opiniones et suffragia non solent aliquo in loco habere.

Sed quod caput rei est et rem penitus conficit: etiamsi magistratus de religione potior sit sententia, et via quam inire jubet vere Evangelica, si hoc mihi ex animo non persuasum sit, mihi non erit salutaris. Nulla, quam reclamante conscientia ingredior viam, me ad beatorum sedes umquam deducet. Arte quam aversor ditescere possum, medicamentis de quibus dubito

porque lhe disseram que o rei não decide nada a respeito da religião a partir do próprio arbítrio nem impõe nada aos súditos no culto divino, a não ser o que for aprovado pelo concílio dos sacerdotes e pelos iniciados de sua religião e for tomado como procedente de Deus? Se a religião de uma igreja é verdadeira e salvadora porque os prelados dessa seita, seus sacerdotes ou seus seguidores a louvam, a proclamam ou a exaltam o quanto podem com seus próprios votos, qual igreja, então, seria errante, falsa ou perniciosa? Tenho dúvidas quanto à fé dos socinianos;[38] o culto dos papistas e dos luteranos é suspeito para mim; seria, portanto, mais seguro para mim ingressar nesta ou naquela igreja, seguindo ordens do magistrado, já que ele nada comanda nem sanciona em matéria de religião, senão através da autoridade e da deliberação dos doutores daquela igreja? Todavia, se queremos dizer a verdade, no mais das vezes é mais fácil a igreja (se assim chamamos a convenção de clérigos que elabora decretos[39]) se ajustar à corte, do que a corte à igreja. Como a igreja era sob um imperador ortodoxo ou ariano[40] é bem conhecido, mas, se isso é muito distante, a história da Inglaterra[41] nos apresenta fatos mais recentes: com que perfeição e com que prontidão os clérigos, súditos de Henrique, Eduardo, Maria e Elizabeth,[42] organizavam decretos, artigos de fé, culto, tudo com um simples aceno do príncipe. Esses príncipes pensavam e davam ordens a respeito da religião de forma tão diferente que ninguém, a não ser um insano (eu quase diria um ateu), ousaria afirmar que um homem honesto e que cultua o Deus verdadeiro possa obedecer aos seus decretos religiosos sem violar sua consciência ou sua veneração a Deus. O que mais dizer? Se um rei, seja a partir de sua própria decisão, seja por meio da autoridade eclesiástica e da crença de outros, deseja impor leis à religião dos outros, é a mesma coisa. A decisão dos clérigos, cujas dissensões e batalhas são sobejamente conhecidas, não é nem mais sensata nem mais segura; nem a confluência de seus votos, de onde quer que provenha, pode acrescentar qualquer força ao poder civil. Além disso, algo é digno de nota: os príncipes não costumam levar em conta as crenças e os votos dos clérigos que não favoreçam sua fé e seu culto.

Entretanto, o ponto capital e que principalmente resolve a questão é este: ainda que a sentença do magistrado acerca da religião seja excelente e o caminho que ele ordene tomar seja realmente evangélico, se não me convencer na minha alma, isso não me poderá levar à salvação. Nenhum caminho no qual eu ingresse sob os protestos da consciência jamais me poderá conduzir às moradas dos bem-aventurados.[43] Posso tornar-me rico com uma arte que

sanus fieri; religione vero de qua dubito, cultu quem aversor, salvus fieri non possum. Incredulus externos frustra induit mores, cum fide et interna sinceritate opus sit ut Deo placeat. Medicina utcumque speciosa, utcumque aliis probata, frustra propinatur, si statim sumptam rejiciet stomachus, nec invito infundi debet remedium, quod idiosyncrasiae vitio mutabitur in venenum. Quicquid de religione in dubium vocari potest, hoc demum certum est, quod nulla religio, quam ego non credo esse veram, mihi vera aut utilis esse potest. Nequicquam igitur salvandae animae praetextu subditos ad sacra sua cogit magistratus, si credant, sponte venturos, si non credant, quamvis venerint, nihilominus perituros. Quantumvis igitur prae te fers alteri bene velle, quantumvis de salute ejus labores, homo ad salutem cogi non potest: post omnia, sibi et conscientiae suae relinquendus.

Sic tandem homines habemus in rebus religionis ab alieno dominio liberos. Quid jam facient? Deum publice colendum et sciunt et agnoscunt omnes; quorsum alias ad coetus publicos cogimur? Hominibus itaque in ea libertate constitutis ineunda est societas ecclesiastica, ut coetus celebrent, non solum ad mutuam aedificationem, sed etiam ut se coram populo testentur cultores esse Dei, eumque se divino numini cultum offerre, cujus ipsos non pudet, nec Deo credunt aut indignum aut ingratum; ut doctrinae puritate, vitae sanctimonia et rituum modesto decore, alios ad religionis veritatisque amorem pelliceant aliaque praestent quae a singulis privatim fieri non possunt.

Has societates religiosas ecclesias voco, quas magistratus tolerare debet; quia a populo ita in coetus collecto non aliud agitur, quam quod singulis hominibus seorsim integrum est et licitum, scilicet de salute animarum. Nec hac in re discrimen aliquod est inter ecclesiam aulicam reliquasque ab ea diversas.

Sed cum in omni ecclesia duo praecipue consideranda sunt, cultus scilicet externus sive ritus, et dogmata: de utrisque separatim agendum est, ut clarius de universa tolerantiae ratione constet.

abomino, tornar-me são com um medicamento de que duvido, mas com uma religião de que eu duvide e com um culto que abomine não posso ser salvo. É vão um descrente assumir, exteriormente, um comportamento, já que, para agradar a Deus, é necessário agir com fé e sinceridade interior. Um medicamento, ainda que magnífico, ainda que atestado por outros, será administrado em vão se, uma vez ingerido, o estômago o rejeitar; e não se deve introduzir um remédio contra a vontade, pois, por causa de sua constituição particular, ele pode se transformar em veneno. Pode-se colocar em dúvida qualquer coisa acerca da religião, mas ao menos uma coisa é certa: nenhuma religião que eu não acredite ser verdadeira pode ser, para mim, verdadeira ou útil. Inutilmente, portanto, o magistrado coage os súditos a abraçar seus princípios sagrados sob o pretexto de salvar suas almas. Se eles creem, virão espontaneamente; se não creem, ainda que tenham vindo, perder-se-ão igualmente. Por mais que declares desejar o bem do outro, por mais que trabalhes pela salvação dele, uma pessoa não pode ser obrigada a ser salva. No final, ela deve ser deixada a si mesma e à sua consciência.

Desse modo, em suma, em matéria de religião, temos homens livres do domínio um do outro. O que, então, farão? Todos sabem e reconhecem que Deus deve ser cultuado publicamente – com que fim, aliás, congregamo-nos em assembleias públicas? Assim, homens investidos dessa liberdade devem ingressar em uma sociedade eclesiástica para celebrar reuniões, não somente para a edificação mútua, mas também para, em público, dar o testemunho de que cultuam a Deus e que oferecem à divindade o culto à sua grandeza, do qual não se envergonham nem acreditam ser-lhe indigno ou inaceitável, assim como para atrair outros ao amor à religião e à verdade, através da pureza de sua doutrina, da santidade de sua vida e do modesto decoro de seu rito e para realizar coisas que não podem ser feitas por cada um privadamente.

Chamo tais sociedades religiosas de igrejas, as quais o magistrado deve tolerar, pois as pessoas, assim reunidas em assembleia, não fazem nada diferente do que é legítimo e lícito a cada um separadamente, isto é, buscar a salvação de suas almas. Nem sequer neste caso há qualquer distinção entre a igreja da corte e as demais, diferentes dela.

Entretanto, como em toda igreja há dois aspectos principais a serem considerados, isto é, o culto exterior ou rito e os dogmas, devemos tratar de cada um deles separadamente, de modo que fique mais clara a exposição geral da tolerância.

I. Magistratus nec in sua nec (quod multo minus licet) in aliena ecclesia potest ritus aliquos ecclesiasticos, vel cerimonias in cultu Dei usurpandas, lege civili sancire; non solum quia liberae sunt societates, sed quicquid in cultu divino Deo offertur, id ea solum ratione probandum est, quod a colentibus Deo acceptum fore creditur. Quicquid ea fiducia non agitur, nec licitum est nec Deo acceptum. Repugnat enim ut, cui libertas permittitur religionis, cujus finis est Deo placere, eum in ipso cultu jubeas Deo displicere. Dices: Anne igitur negabis, quae ab omnibus conceditur, magistratui in res adiaphoras potestatem, quae si auferatur, nulla restabit legum ferendarum materia? Respondeo: Concedo res indifferentes, easque forsan solas, potestati legislativae subjici.

1. Non inde tamen sequitur, quod licitum sit magistratui de quavis re indifferente quodcunque placuerit statuere. Legum ferendarum modus et mensura est publicum commodum. Si quid ex usu reipublicae non fuerit, utcunque sit res indifferens, non potest ilico lege sanciri.

2. Res utcunque sua natura indifferentes extra magistratus jurisdictionem positae sunt, cum in ecclesiam et cultum divinum transferuntur, quia illo in usu nullam habent cum rebus civilibus connectionem; ubi solum agitur de salute animarum, nec vicini nec reipublicae interest sive hic sive ille ritus usurpetur. Ceremoniarum in coetibus ecclesiasticis sive observatio sive omissio aliorum vitae, libertati, opibus, ne obest quidem nec obesse potest. Exempli gratia, infantem nuper natum aqua lavare, res sit sua natura indifferens. Detur etiam magistratui licitum esse id lege statuere, modo sciat utilem esse hujusmodi lotionem ad morbum aliquem, cui obnoxii sunt infantes, vel sanandum vel praecavendum, credatque etiam tanti esse ut de ea edicto caveatur. An igitur dicet aliquis eodem jure licere magistratui lege etiam jubere, ut infantes a sacerdote sacro fonte abluantur ad purgationem animarum? vel ut sacris aliquibus initientur? Quis non primo aspectu videt res hasce toto caelo differre? Supponas Judaei esse filium, et res ipsa per se loquitur. Quid enim vetat magistratum Christianum Judaeos habere subditos? Quam injuriam, in re sua natura indifferenti, Judaeo

I. O magistrado não pode impor, por sanção de lei civil, que se pratique qualquer rito eclesiástico ou cerimônias no culto a Deus nem na sua própria igreja nem na igreja de outrem (o que seria ainda menos lícito); não somente porque tais sociedades são livres, mas também porque o que quer que se ofereça a Deus no culto divino só deve ser aprovado por uma única razão: a de os adoradores acreditarem ser aceito por Deus. O que quer que se realize sem essa confiança não é lícito nem aceito por Deus. Portanto, outorgada a liberdade religiosa a alguém, cujo fim é agradar a Deus, seria incoerente obrigá-lo a desagradar a Deus com o próprio culto. Dirás: por acaso negarás ao magistrado o que todos lhe concedem, o poder sobre as coisas indiferentes, o qual, se lhe for retirado, nenhuma matéria restará sobre a qual legislar? Respondo: concedo que as coisas indiferentes, e talvez somente elas, estão sujeitas ao poder legislativo.

1. Contudo, disso não se segue que seja lícito ao magistrado estatuir qualquer coisa que lhe agrade relativa às coisas indiferentes. A utilidade pública é o limite e a medida para a elaboração das leis.[44] Se algo não for útil ao Estado, ainda que seja indiferente, não pode ser imposto por sanção através de lei.

2. Coisas que, embora indiferentes por natureza, são levadas à igreja e ao culto divino deixam de estar sob jurisdição do magistrado, pois, nesse uso, não possuem qualquer conexão com os assuntos civis – aí elas só dizem respeito à salvação das almas, não interessa nem ao vizinho nem ao Estado que este ou aquele rito seja realizado. A observação ou a omissão de cerimônias nas assembleias religiosas não causa dano, nem pode causar, à vida, à liberdade, aos bens dos outros. Por exemplo: considere que lavar uma criança recém-nascida com água seja, em si mesmo, uma coisa indiferente. Conceda ainda que seja lícito ao magistrado estatuir isso por lei, contanto que ele saiba da utilidade desse modo de lavar para a cura ou prevenção de alguma doença a que as crianças estejam sujeitas e também que acredite que, por sua tamanha importância, disso se deve cuidar através de um decreto. Por conseguinte, alguém dirá ser lícito ao magistrado, com o mesmo direito, obrigar por lei que as crianças sejam banhadas por um sacerdote, numa fonte sagrada, para purificação de suas almas? Ou para que sejam iniciadas em quaisquer ritos sagrados? Quem não reconhece, à primeira vista, que essas duas coisas são completamente diferentes? Suponha que se trate do filho de um judeu e a própria coisa fala por si. O que impede que um magistrado cristão tenha judeus como súditos? Se tu reconheces que não se deve fazer essa injúria a um judeu

non faciendam agnoscis, scilicet ut in cultu religioso contra quam ipse sentiat aliquid agere cogatur, eam Christiano homini faciendam asseris?

3. Res sua natura indifferentes non possunt fieri pars cultus divini authoritate et arbitrio humano, et hanc ipsam ob rationem, quia sunt indifferentes. Nam cum res indifferentes nulla virtute sua propria aptae natae sunt ad numen propitiandum, nulla humana potestas vel authoritas eam illis conciliare valet dignitatem et excellentiam, ut Deum possint demereri. In communi vita rerum sua natura indifferentium liber is et licitus est usus quem Deus non prohibuerit, adeoque in iis locum habere potest arbitrium vel authoritas humana; sed eadem non est in religione et sacris libertas. In cultu divino res adiaphorae non alia ratione sunt licitae, nisi quatenus a Deo institutae, eamque illis certo mandato tribuerit Deus dignitatem ut fiant pars cultus, quam approbare et ab homunculis et peccatoribus accipere dignabitur supremi numinis majestas. Nec Deo indignabunde roganti: Quis requisivit? satis erit respondere, jussisse magistratum. Si jurisdictio civilis eousque extendatur, quid non licebit in religione? Quae rituum farrago, quae superstitionis inventa, modo magistratus authoritate innixa, etiam reclamante et condemnante conscientia, non erunt Dei cultoribus amplectenda, cum horum pars maxima in religioso rerum sua natura indifferentium usu consistat, nec in alio peccat, quam quod Deum non habeat authorem? Aquae aspersio, panis et vini usus, res sunt sua natura et in communi vita maxime indifferentes; an igitur haec in usus sacros introduci et divini cultus pars fieri poterant sine instituto divino? Hoc si potuit humana aliqua vel civilis potestas, quid ni etiam et jubere possit tanquam partem cultus divini in sacra synaxi piscibus et cerevisia epulari, jugulatarum bestiarum sanguinem in templo aspergere, aqua vel igne lustrare, et hujusmodi alia infinita, quae quamvis extra religionem indifferentia sint, cum in sacros ritus sine authoritate divina adsciscantur, aeque Deo exosa sunt ac canis immolatio? Quid enim catulum inter et hircum interest respectu divinae naturae, ab omni materiae affinitate aequaliter et infinitum distantis, nisi quod hoc animalium genus vellet, illud

nessa coisa por natureza indiferente, isto é, obrigá-lo a realizar um culto religioso contra o que acredita, afirmas, entretanto, que isso deve ser feito com um homem cristão?

3. Coisas indiferentes por sua própria natureza não podem se tornar parte do culto divino por meio da autoridade e do arbítrio humano, e é por essa mesma razão que são indiferentes. Como as coisas indiferentes, por sua própria virtude, não são naturalmente capazes de ser aprazíveis à divindade, nenhuma autoridade ou poder humano tem condição de lhes associar dignidade e excelência, de modo que possam ser meritórias a Deus. Na vida comum, o uso de coisas indiferentes por natureza, que não são proibidas por Deus, é livre e lícito, e é nelas que o arbítrio e a autoridade humana podem ter lugar, mas não há a mesma liberdade na religião e nas coisas sagradas. No culto divino, as coisas indiferentes não são lícitas por qualquer outra razão, exceto terem sido instituídas, de algum modo, por Deus; a essas coisas, por ordem certa, Deus atribuiu a dignidade de se tornarem parte do culto que a Majestade Divina Suprema se digna a aprovar e a acolher dos homens simples e pecadores. E se Deus, indignado, perguntar: "Quem exigiu isso?",[45] não será suficiente responder que o magistrado ordenou. Se a jurisdição civil se estende até esse ponto, o que não será lícito acerca da religião? Que mistura de ritos, que invenções supersticiosas, assim apoiadas sobre a autoridade do magistrado, mesmo recebendo o repúdio e a condenação da consciência, não terão de ser abraçadas pelos que cultuam a Deus, já que a maior parte desses ritos e superstições consiste no uso religioso de coisas indiferentes, que não são pecaminosas por qualquer outra razão exceto por não terem Deus como autor? A aspersão de água, o uso de pão e vinho são coisas, em sua natureza e na vida comum, completamente indiferentes. Elas poderiam, por conseguinte, ter sido introduzidas no uso sagrado e se tornado parte do culto divino sem serem instituídas por Deus? Se algum poder civil ou humano pudesse ter feito isso, por que não poderia também obrigar, como parte do culto divino, a comunidade religiosa a comer peixe e tomar cerveja? Ou a aspergir no templo o sangue de animais imolados ou a purificar com água e fogo e obrigar, assim por diante, a uma infinidade de outras coisas que, embora indiferentes fora da religião, quando são introduzidas no rito sagrado sem a autoridade divina, são tão abomináveis a Deus como o sacrifício de um cão? Que diferença há entre um cãozinho e um bode para a natureza divina, que está igual e infinitamente distante de qualquer afinidade com a matéria, a não ser pelo fato de que Deus queira que esta e não aquela espécie de animal seja oferecida nos ritos sagrados e no seu

nollet Deus in sacris cultuque suo adhiberi? Vides igitur, quod res in medio positae, utcunque subjaceant potestati civili, non possunt tamen eo nomine in sacros ritus introduci et coetibus religiosis injungi, quia in sacro cultu desinunt protinus esse indifferentes. Qui Deum colit, eo colit animo, ut placeat propitiumque reddat; quod tamen facere non potest is, qui jubente alio illud Deo offert, quod credit numini, quia non jussit, displiciturum. Hoc non est Deum placare, sed manifesta contumelia, quae cum cultus ratione consistere non potest, sciens prudensque lacessere.

Dices: Si nihil in cultu divino permittatur humano arbitrio, quomodo tribuitur ecclesiis ipsis potestas aliquid de tempore locoque etc. statuendi? Respondeo: In cultu religioso aliud est pars, aliud circumstantia. Illud pars est, quod creditur a Deo requiri et ipsi placere; unde fit necessarium. Circumstantiae sunt, quae etsi in genere a cultu abesse non possunt, tamen earum certa species non definitur, adeoque sunt indifferentes; cujusmodi sunt locus et tempus, cultoris habitus et corporis situs, cum de iis nihil mandaverit voluntas divina. Verbi gratia, tempus locusque et sacra facientium habitus apud Judaeos non erant merae circumstantiae, sed pars cultus, in quibus si quid mancum aut immutatum, sperare non poterant sacra sua Deo fore grata et accepta. Quae tamen Christianis, quibus constat libertas Evangelica, purae sunt cultus circumstantiae, quas prudentia cujusque ecclesiae potest in morem trahere, prout eas credit hoc vel illo modo cum ordine et decore aedificationi maxime inservire; iis vero quibus sub Evangelio persuasum est diem dominicum suo cultui a Deo segregatum esse, illis tempus hoc non est circumstantia, sed pars cultus divini, quae nec mutari nec negligi potest.

II. Magistratus ecclesiae cujusvis ritus sacros et cultum in ea receptum prohibere non potest in coetibus religiosis, quoniam eo modo ipsam tolleret ecclesiam, cujus finis est ut Deum suo more libere colat. Dices: An igitur si infantem immolare; si, quod Christianis olim falso afficium, in promiscua stupra ruere velint, an et haec et hujusmodi, quia in coetu ecclesiastico fiunt, a magistratu sint toleranda? Respondeo: Haec domi et in civili vita non licita,

culto? Vês, portanto, que as coisas intermediárias,[46] ainda que sujeitas ao poder civil, não podem, entretanto, em nome dele, ser introduzidas nos ritos sagrados e impostas às assembleias religiosas, porque, no culto sagrado, imediatamente deixam de ser indiferentes. Quem cultua a Deus o cultua pensando em agradá-lo e oferecer-lhe algo propício, mas isso não pode ser feito por quem, por ordem de outro, oferece a Deus algo que acredita que desagradará à divindade, já que não foi ordenado por ela. Isso não é apaziguar a Deus, mas, consciente e intencionalmente, provocá-lo com uma manifesta afronta, o que não é compatível com a razão de ser do culto.

Dirás: se nada no culto divino é permitido ao arbítrio humano, de que modo se pode atribuir às próprias igrejas o poder de estabelecer o tempo, o lugar, etc.? Respondo: no culto religioso, uma coisa é a parte, outra é a circunstância. Parte é aquilo que se acredita ser exigido por Deus e agradá-lo; disso decorre a sua necessidade. Circunstâncias são todas as coisas que, em geral, embora não possam estar ausentes do culto, não têm, entretanto, uma definição específica e, por isso, são indiferentes. Enquadram-se nesse caso o tempo e o lugar, os trajes e a postura corporal de quem cultua, já que a vontade divina não proferiu qualquer ordem quanto a essas coisas. Por exemplo: o tempo, o lugar e os trajes dos celebrantes não eram meras circunstâncias para os judeus, mas parte do seu culto. Se nelas algo estivesse faltando ou fosse alterado, eles não poderiam esperar que seus cultos sagrados fossem aceitos ou gratos a Deus. Para os cristãos, todavia, aos quais corresponde a liberdade evangélica, tais coisas são simples circunstâncias do culto, que a prudência de cada igreja pode inserir nos costumes, conforme acredite que elas, deste ou daquele modo, sirvam à ordem, ao decoro e à edificação.[47] Para aqueles, porém, que, à luz do Evangelho, estão convencidos de que o domingo foi reservado por Deus para seu culto, para esses, esse dia não é uma circunstância, mas parte do culto divino, que não se pode mudar nem negligenciar.

II. O magistrado não pode proibir nas assembleias religiosas os ritos sagrados de qualquer igreja ou o culto nela admitido, porque, assim, suprimiria a própria igreja, cuja finalidade é cultuar livremente a Deus segundo seu costume. Dirás: se, então, por acaso, quisessem imolar crianças ou, como os cristãos, há tempos, foram falsamente acusados, lançar-se em orgias promíscuas, essas e outras coisas dessa espécie deveriam ser toleradas pelo magistrado, porque são feitas numa assembleia eclesiástica? Respondo: essas coisas não são lícitas nem na vida doméstica nem na civil e, por isso,

itaque nec in coetu aut cultu religioso. Si vero vitulum immolare vellent, id lege prohibendum esse nego. Meliboeus, cujum pecus est, domi vitulum suum mactare potest, partemque quam velit igne cremare; nulli facta est injuria, alienae possessioni nihil detrahitur. In cultu igitur divino vitulum jugulare itidem licet; an Deo placeat, ipsorum est videre; magistratus solum prospicere ne quid detrimenti respublica capiat, ne alterius vel vitae vel bonis fiat damnum; adeoque quod convivio poterat, potest et sacrificio impendi. Quod si is sit rerum status, ut e republica foret parcere omni boum sanguini in subsidium armentorum lue aliqua absumptorum, quis non videt licere magistratui quamcunque vitulorum in quosvis usus caedem omnibus subditis interdicere? Sed eo in casu non de re religionis, sed politica fit lex, nec prohibetur vituli immolatio, sed caedes. Jam vides ecclesiam inter et rempublicam quae sit differentia. Id quod in republica licitum est, in ecclesia non potest a magistratu prohiberi; quodque aliis subditis permissum in quotidiano usu, id ne fiat in coetu ecclesiastico et ab hujus vel illius sectae mystis ad sacros usus, nullo modo lege caveri potest aut debet. Si domi panem vel vinum discumbens vel flexis genibus sumere quis licite potest, lex civilis vetare non debet, quo minus idem in sacris faciat, etiamsi illic vini et panis longe diversus sit usus, et in ecclesia ad cultum divinum et mysticos sensus transferatur. Quae per se civitati noxia in vita communi legibus in commune bonum latis prohibentur, ea in ecclesia sacro usu licita esse non possunt, nec impunitatem mereri. Sed maxime cavere debent magistratus, ne civilis utilitatis praetextu ad opprimendam alicujus ecclesiae libertatem abutantur; e contra vero quae in vita communi et extra cultum Dei licita sunt, ea in cultu divino locisve sacris quo minus fiant lege civili prohiberi non possunt.

Dices: Quid si ecclesia aliqua sit idololatrica, anne illa etiam a magistratu toleranda? Respondeo: Ecquod jus dari potest magistratui ad supprimendam ecclesiam idololatricam, quod etiam suo tempore et loco non pessundabit orthodoxam? Nam memineris oportet, quod eadem est ubique civilis potestas et sua cuique principi orthodoxa religio. Ideoque si in rebus religionis magistratui civili concessa sit potestas, quae Genevae vi et

tampouco numa assembleia ou culto religioso. Se, porém, quisessem imolar um bezerro, nego que isso deva ser proibido por lei. Melibeu, de quem é o animal,[48] pode oferecer seu bezerro doméstico e queimar no fogo a parte que quiser: não é feita injúria a ninguém, nenhuma posse alheia é tirada. Então, é igualmente lícito degolar o bezerro num culto religioso. Se isso agrada a Deus, quem cultua é que deve prever; o magistrado somente deve velar para que o Estado não sofra qualquer prejuízo,[49] para que não haja dano à vida ou aos bens de outrem. Assim, o que poderia ser usado numa festa pode ser usado num sacrifício. Contudo, se tais fossem as circunstâncias que o Estado devesse poupar todo o sangue dos bois para o reforço dos rebanhos dizimados por alguma peste, quem não vê ser lícito ao magistrado interditar, a todos os súditos, qualquer abate de bezerros para quaisquer usos? Nesse caso, porém, não é sobre matéria de religião, mas de política que é feita a lei; nem é proibida a imolação do bezerro, mas o abate. Agora vês qual é a diferença entre igreja e Estado. Aquilo que é lícito no Estado não pode ser proibido pelo magistrado na igreja; qualquer coisa que seja permitida aos outros súditos no uso cotidiano não pode ou deve, de forma alguma, ser regulamentada por lei para que isso não seja feito numa assembleia eclesiástica ou usado pelos iniciados desta ou daquela seita nos ritos sagrados. Se qualquer um pode, licitamente, consumir vinho ou pão em sua casa, sentado ou ajoelhado, a lei civil não deve vetar que o mesmo seja feito nos ritos sagrados, ainda que, neles, o uso do pão e do vinho seja muito diferente e, na igreja, para o culto divino, seu significado seja transformado em místico. As coisas que, por si mesmas, são nocivas à sociedade civil na vida comum e que são proibidas por leis promulgadas para o bem comum não podem ser lícitas no uso sagrado na igreja nem merecem ser impunes, mas os magistrados devem cuidar ao máximo para não abusar dessa liberdade para oprimir quaisquer igrejas sob o pretexto da utilidade civil; com efeito, ao contrário, as coisas que são lícitas na vida comum e fora do culto de Deus não podem ser proibidas, por lei civil, para que não sejam feitas no culto divino ou nos locais sagrados.[50]

Dirás: se alguma igreja for idólatra, por acaso ela também deve ser tolerada pelo magistrado? Respondo: que direito pode ser dado ao magistrado para suprimir uma igreja idólatra que, no seu tempo e lugar, não arruinará uma ortodoxa? De fato, é preciso que te lembres de que o poder civil é o mesmo em todo lugar, e para cada príncipe sua religião é ortodoxa. Por essa razão, se, como em Genebra, for concedido o poder

sanguine extirpare debet religionem quae pro falsa vel idololatrica habetur, in vicinia eodem jure orthodoxam opprimet, et in Indiis Christianam. Potestas civilis vel omnia potest in religione ad opinionem principis mutare vel nihil. Si aliquid liceat in rebus sacris lege, vi, poenis introducere, frustra quaeritur modus; omnia licebit ad normam veritatis, quam sibi magistratus finxerit, iisdem armis exigere. Nemo hominum religionis causa bonis suis terrestribus evertendus, nec Americani principi Christiano subjecti ideo vita aut bonis exuendi, quia Christianam religionem non amplectuntur. Si patriis ritibus se Deo placere et salvos fieri credant, sibi et Deo relinquendi.

Rem ab origine retexam. Venit in ethnicorum ditionem Christianorum parva et debilis turba, omnium rerum egena; postulant extranei ab indigenis, homines ab hominibus, uti par est, subsidia vitae; dantur necessaria, conceduntur sedes, coalescit in unum populum utraque gens. Christiana religio radices agit, disseminatur, sed nondum fortior; colitur adhuc pax, amicitia, fides, et aequa servantur jura. Tandem magistratu in eorum partes transeunte fortiores facti sunt Christiani. Tum demum pacta proculcanda, violanda jura, ut amoveatur idololatria, et ni ritus suos antiquos relinquere et in alienos novosque transire velint, vita, bonis terrisque avitis exuendi innocui et juris observantissimi ethnici, utpote contra bonos mores et legem civilem non peccantes; et tum demum, quid zelus pro ecclesia, scilicet cum amore dominandi conjunctus, suadet aperte constat, et quam commode rapinae et ambitioni praetexitur religio et salus animarum palam demonstratur.

Si legibus, poenis, ferro et igne alicubi extirpandam credis esse idololatriam, mutato nomine de te fabula narratur. Quandoquidem non meliore jure res suas in America amittunt ethnici, quam in regno aliquo Europaeo ab ecclesia aulica quovis modo discrepantes Christiani; nec magis hic quam illic propter religionem civilia vel violanda vel mutanda jura.

Dices: Idololatria peccatum est, ideoque non toleranda. Respondeo: Si dicas, 'idololatria peccatum est, ideoque studiose vitanda', recte admodum infers. Si vero, 'peccatum est, ideoque a

nas matérias de religião ao magistrado civil, ele deve extirpar, pela força e por sangue, a religião que for tida como falsa ou idólatra, no vizinho, pelo mesmo direito, oprimir-se-á a ortodoxa, e, nas Índias, a cristã. O poder civil poderá mudar tudo ou nada em religião segundo a crença do príncipe. Se for permitido introduzir algo nas matérias sagradas por lei, pela força ou por punições, em vão se buscará um limite; tudo será lícito exigir deles pelas armas segundo a norma da verdade que o magistrado tiver fixado para si. Nenhum homem deve ser expropriado dos seus bens terrenos por causa de religião, nem os ameríndios, súditos de um príncipe cristão, devem ser privados da vida ou dos bens porque não abraçaram a religião cristã. Se eles creem agradar a Deus e se fazer salvos pelos ritos pátrios, devem ser deixados a si e a Deus.

Desatando a questão desde a origem: uma turba pobre e débil de cristãos, carente de todas as coisas, vem a uma região de pagãos: os estrangeiros pedem aos nativos auxílio para viver, de homem para homem, como se deve; o necessário é dado, habitações são concedidas, ambos os grupos crescem conjuntamente num só povo. A religião cristã cria raízes, dissemina-se, mas ainda não é a mais forte; até aqui são cultivadas a paz, a amizade, a confiança nas promessas e se mantêm os direitos iguais. Finalmente, os cristãos tornam-se mais fortes com o magistrado passando para o lado deles. É então que os pactos haveriam de ser quebrados, os direitos violados, para que a idolatria fosse removida; e se os pagãos, inofensivos e bastante observadores do direito, já que não pecam contra os bons costumes e contra a lei civil, não quisessem deixar seus antigos ritos e passar para os novos e alheios, haveriam de ser privados dos bens, das terras dos antepassados e da vida. É então que abertamente se vê a que conduz o zelo pela igreja, combinado ao desejo de dominar, e claramente se demonstra quão facilmente a religião e a salvação das almas são pretextos para rapina e para ambição.

Se crês que a idolatria deva ser extirpada por leis, penas, ferro e fogo, mudado o nome, a fábula se conta sobre ti,[51] pois os pagãos, na América, não perdem suas coisas por um direito melhor do que os cristãos que, em algum reino europeu, discordam de algum modo da igreja da corte; e nem aqui nem lá os direitos civis devem ser violados ou mudados por causa de religião.

Dirás: a idolatria é pecado e, por isso, não deve ser tolerada. Respondo: se dizes "a idolatria é pecado e, por isso, deve ser evitada com empenho", inferes muito corretamente. Se, contudo, dizes "é pecado e, por isso, deve

magistratu punienda', non item. Non enim magistratus est in omnia, quae apud Deum credit peccata esse, vel legibus animadvertere vel gladium suum stringere. Avaritia, non subvenire aliorum indigentiae, otium et alia hujusmodi multa, omnium consensu peccata sunt; quis autem unquam a magistratu castiganda censuit? Quia alienis possessionibus nullum fit detrimentum, quia pacem publicam haec non perturbant, iis ipsis in locis ubi pro peccatis agnoscuntur legum censura non coercentur. De mendacibus, immo perjuriis, ubique silent leges, nisi certis quibusdam in casibus, in quibus non respicitur numinis provocatio vel criminis turpitudo, sed intentata vel reipublicae vel vicino injuria. Et quid si principi ethnico vel Mahumedano videatur religio Christiana falsa et Deo displicere, nonne eodem jure et eodem modo extirpandi etiam et Christiani?

Dices: Lege Mosaica idololatras exterminandos. Respondeo: Recte quidem Mosaica, quae nullo modo Christianos obligat. Nec tu quidem totum illud, quod lege positum est Judaeis, in exemplum trahes; nec usui tibi erit proferre tritam illam, sed hac in re futilem, legis moralis, judicialis et ritualis distinctionem. Lex enim quaecunque positiva nullos obligat, nisi eos quibus ponitur. *Audi Israel,* satis coercet ad eam gentem Mosaicae legis obligationem. Hoc unicum sufficeret contra illos, qui idololatris capitale supplicium ex lege Mosaica statuere volunt. Libet tamen hoc argumentum paulo fusius expendere.

Idololatrarum respectu reipublicae Judaicae duplex erat ratio: Primo, eorum qui sacris Mosaicis initiati et istius reipublicae cives facti a cultu Dei Israelis desciverint. Hi tanquam proditores et rebelles laesae majestatis rei agebantur. Respublica enim Judaeorum ab aliis longe diversa, quippe quae in theocratia fundabatur; nec, uti post Christum natum, ulla fuit aut esse potuit inter ecclesiam et rempublicam distinctio; leges de unius invisibilisque numinis cultu in ea gente fuere civiles et politici regiminis pars, in quo ipse Deus legislator. Si rempublicam eo jure constitutam uspiam ostendere potes, in ea fatebor leges ecclesiasticas in civiles transire, omnesque subditos etiam a cultu extraneo et sacris alienis magistratus gladio cohiberi et posse et debere. Sed sub Evangelio nulla prorsus est respublica Christiana.

ser punida pelo magistrado", não é a mesma coisa. Não cabe ao magistrado, com efeito, desembainhar sua espada e repreender pelas leis todas as coisas que crê serem pecado contra Deus. A avareza, não socorrer a indigência dos outros, o ócio e muitas outras coisas desse tipo são pecados pelo consenso de todos; mas quem alguma vez pensou que deveriam ser castigadas pelo magistrado? Porque não causam nenhum prejuízo às posses alheias, porque essas coisas não perturbam a paz pública; nos próprios lugares onde são reconhecidas como pecados, não são coibidas pela censura da lei. Sobre a mentira, e mesmo sobre o perjúrio, as leis silenciam-se em toda parte, exceto naqueles casos nos quais se considera a injúria intentada contra o Estado ou contra o vizinho, mas não a provocação à divindade ou a torpeza do crime. E se a um príncipe pagão ou maometano a religião cristã parecer falsa e desagradar a Deus, por acaso não deveriam os cristãos ser extirpados do mesmo modo e pelo mesmo direito?

Dirás: pela lei de Moisés os idólatras devem ser exterminados.[52] Respondo: certamente, mas pela lei de Moisés, que de modo algum obriga os cristãos.[53] Nem tu certamente tomas como modelo tudo o que é posto como lei aos judeus; nem será útil para ti apresentar aquela já antiga, mas, neste caso, fútil distinção entre lei moral, judicial e ritual.[54] Com efeito, qualquer lei positiva não obriga ninguém senão aqueles a quem é imposta. *Ouve, Israel*[55] restringe o bastante a obrigação da lei de Moisés àquele grupo. Somente isso seria suficiente contra aqueles que querem estatuir o suplício capital aos idólatras a partir da lei de Moisés, mas é bom avaliar esse argumento um pouco mais amplamente.

Havia uma dupla compreensão a respeito dos idólatras pelo Estado judeu: em primeiro lugar, daqueles que, iniciados nos ritos sagrados de Moisés e feitos cidadãos daquele Estado, renunciaram ao culto do Deus de Israel. Estes eram tratados como traidores e rebeldes, réus por lesa majestade. Com efeito, o Estado dos judeus era bastante diferente dos outros, pois, de fato, estava fundado numa teocracia; e não houve ou poderia haver distinção entre igreja e Estado, como após o nascimento do Cristo. As leis sobre o culto da única e invisível divindade eram leis civis e parte do regime político daquele grupo, no qual o próprio Deus foi o legislador. Se puderes mostrar, em algum lugar, um Estado constituído naquele direito, reconhecerei nele que as leis eclesiásticas passem a civis e que o magistrado possa e deva coibir pela espada todos os súditos também pelo culto estrangeiro e pelos ritos sagrados diferentes. Mas não há absolutamente nenhum Estado cristão sob o Evangelho. Reconheço

Multa fateor sunt regna et civitates quae in fidem transierunt Christianam, retenta et conservata veteris reipublicae et regiminis forma, de qua Christus nihil sua lege statuit. Qua fide, quibus moribus vita aeterna singulis obtinenda sit, docuit; veruntamen nullam rempublicam instituit, novam civitatis formam et suo populo peculiarem nullam introduxit, nullos magistratus gladio armavit, quo homines ad fidem vel cultum eum, quem suis proposuit, cogerentur vel ab alienae religionis institutis arcerentur.

Secundo, extranei et a republica Israelis alieni non vi cogebantur ad ritus Mosaicos transire; verum eo ipso paragrapho quo mors Israelitis idololatris intentatur, *Exod.* XXII. 20, 21, ne quis peregrinum vexet vel opprimat, lege cautum est. Exscindendae penitus fateor erant septem gentes quae terram Israelitis promissam possidebant. Quod factum non quod idololatrae fuerint; hoc enim si esset, cur Moabitis et aliis nationibus etiam idololatris parcendum? Sed cum Deus populi Hebraei peculiari modo rex erat, venerationem alterius numinis, quod erat proprie crimen laesae majestatis, suo illo in regno, terra nempe Cananaea, pati non poterat; hujusmodi aperta defectio cum Jehovae imperio istis in terris plane politico, nullo modo potuit consistere. Expellenda erat igitur a limitibus regni omnis idololatria, qua rex alius, alius scilicet deus, contra jus imperii agnoscebatur. Expellendi etiam incolae, ut vacua et integra Israelitis daretur possessio; qua plane ratione populi Emmim et Horim exterminati sunt ab Esavi et Lothi posteris, eorum territoria eodem plane jure a Deo concessa invadentibus, quod facile patebit caput secundum Deuteronomii legenti. Expulsa igitur licet e finibus terrae Cananaeae omnis idololatria, non tamen in omnes idololatras animadversum. Rahabae toti familiae, Gibeonitarum universo populo pepercit Josuah ex pacto. Captivi idololatrae passim inter Hebraeos. Regiones etiam ultra limites terrae promissae a Davide et Salomone ad Euphraten usque subjugatae et in provincias redactae. Ex his tot mancipiis, tot populis potestati Hebraeae subjectis, nemo unquam, quod legimus, ob idololatriam, cujus certe omnes rei erant, castigatus; nemo vi et poenis ad religionem Mosaicam et veri Dei cultum coactus. Si quis proselyta civitate donari

haver muitos reinos e sociedades civis que passaram à fé cristã retendo e conservando a velha forma de Estado e de regime, sobre a qual Cristo nada estabeleceu em sua lei. Ele ensinou a cada um com que fé e com que costumes deve ser obtida a vida eterna, mas não instituiu nenhum Estado, não introduziu nenhuma forma nova de sociedade civil peculiar ao seu povo, não armou magistrados com uma espada com a qual os homens fossem coagidos à fé e ao culto que propôs aos seus e com a qual fossem afastados das instituições de uma religião estrangeira.

Em segundo lugar, os estrangeiros e os de fora do Estado de Israel não eram coagidos pela força a passar para os ritos de Moisés; na verdade, naquele mesmo parágrafo em que é afirmada a morte aos israelitas idólatras (*Êxodo* 22:20-21), há cautela na lei para que não se oprima ou atormente qualquer estrangeiro. Reconheço perfeitamente deverem ser extirpadas as sete nações que possuíam a terra prometida aos israelitas,[56] mas não porque fossem idólatras. Se fosse assim, por que poupar os moabitas[57] e outras nações também idólatras? Como Deus era rei do povo hebreu de maneira peculiar, não poderia suportar a veneração de outra divindade naquele seu reino, vale dizer, a terra de Canaã, o que era propriamente um crime de lesa-majestade; uma defecção aberta desse tipo de modo algum poderia ser compatível com o império de Jeová, que, nestas terras, era claramente político. Logo, toda a idolatria deveria ser expulsa dos limites do reino, pela qual outro rei, ou seja, outro Deus fosse reconhecido contra o direito do soberano. Os habitantes também deveriam ser expulsos para que fosse dada aos israelitas uma posse desocupada e íntegra; por essa razão, os emitas e horitas foram exterminados pelos descendentes de Esaú e Ló, e seus territórios, pelo mesmo direito, foram concedidos aos invasores por Deus, o que é claro e fácil de ver no segundo capítulo do *Deuteronômio*. Logo, foi lícito expulsar toda a idolatria das fronteiras da terra de Canaã, mas isso não foi observado para todos os idólatras. Josué, por um pacto, poupou todos da família de Raab e o povo inteiro dos gabaonitas.[58] Por toda parte havia entre os hebreus idólatras presos. Também regiões além dos limites da terra prometida, até o Eufrates, foram subjugadas e reduzidas a províncias por Davi e Salomão. Entre tantos prisioneiros, tantos povos subjugados ao poder dos hebreus, nenhum, contudo, pelo que lemos, foi castigado por causa da idolatria, da qual certamente todos eram culpados; ninguém foi coagido, pela força e por punições, à religião de Moisés e ao culto do verdadeiro Deus. Se alguém desejava ser dado como prosélito à cidade, também as leis da

cupierat, civitatis Israeliticae etiam leges, hoc est religionem, simul amplexus est; sed id sponte sua pronus, non imperantis vi coactus, tanquam privilegium cupidus ambivit, non invitus in obsequii testimonium accepit. Simul atque civis factus est, legibus reipublicae obnoxius erat, quibus intra pomeria et limites terrae Cananaeae prohibebatur idololatria. De exteris regionibus populisque ultra eos terminos sitis nihil ea lege statutum.

Hactenus de cultu externo. Sequitur ut de fide agamus.

Ecclesiarum dogmata alia practica, alia speculativa; et quamvis utraque in veritatis cognitione consistunt, haec tamen opinione et intellectu terminantur, illa aliquo modo ad voluntatem et mores spectant. Speculativa igitur dogmata et (uti vocantur) articulos fidei quod attinet, qui nihil aliud exigunt nisi solum ut credantur, illos lex civilis nullo modo in ecclesiam aliquam potest introducere. Quorsum enim attinet id lege sancire, quod qui vellet maxime, non potest agere? Ut hoc vel illud verum esse credamus, in nostra voluntate situm non est. Sed de hoc satis jam dictum. Verum profiteatur se credere; nimirum ut pro salute animae suae Deo et hominibus mentiatur. Bella sane religio! Si magistratus ita servari homines velit, quae sit via salutis videtur parum intelligere; si id non agit ut serventur, quare de articulis religionis tam sollicitus, ut lege jubeat?

Deinde, opiniones quasvis speculativas quo minus in ecclesia quavis teneantur doceanturve prohibere non debet magistratus, quia hae ad civilia subditorum jura nequaquam attinent. Si quis Pontificius credat id corpus Christi revera esse, quod alius panem vocaret, nullam injuriam facit vicino. Si Judaeus non credat Novum Testamentum esse verbum Dei, nulla mutat jura civilia. Si ethnicus de utroque dubitat Testamento, non igitur puniendus tanquam improbus civis. Haec si quis credat sive non, sarta tecta esse possunt magistratus potestas et civium bona. Falsas has esse et absurdas opiniones libenter concedo; ceterum de opinionum veritate non cavent leges, sed de bonorum cujusque et reipublicae tutela et incolumitate. Nec hoc plane dolendum est. Bene profecto cum veritate actum esset, si sibi aliquando permitteretur. Parum

sociedade israelita, isto é, a religião, eram igualmente abraçadas, mas ele era inclinado por sua vontade, não coagido pela força do soberano, como quem busca ardentemente um privilégio e, não contra sua vontade, dá testemunho de obediência. E, tão logo era feito cidadão, estava sujeito às leis do Estado, pelas quais a idolatria era proibida dentro das pomerias e dos limites da terra de Canaã. Sobre as regiões externas e sobre os povos situados além daqueles marcos nada foi estabelecido por aquela lei.

Até aqui, tratamos do culto exterior. Segue o que propomos sobre a fé.

A respeito dos dogmas das igrejas, uns são práticos, outros, especulativos, e, embora ambos consistam no conhecimento da verdade, estes, entretanto, confinam-se à crença e ao entendimento, aqueles, diferentemente, dizem respeito à vontade e aos costumes. Logo, a lei civil de modo algum pode introduzir em qualquer igreja os dogmas especulativos e (como são chamados) os artigos de fé correspondentes, que nada mais exigem senão somente que neles se creia. De que adianta impor por sanção legal o que alguém não pode fazer, mesmo se quisesse muito? Crermos que isto ou aquilo seja verdade não se situa na nossa vontade, mas sobre isso já foi dito o bastante. Entretanto, que se professe que se crê; mas isso certamente é mentir a Deus e aos homens para a salvação da alma. Que bela religião! Se o magistrado quer salvar os homens assim, parece entender pouco do que seja o caminho da salvação; e, se não age assim para que sejam salvos, por que está tão preocupado com os artigos da religião a ponto de ordená-los por lei?

Além disso, o magistrado não deve proibir que se sustentem ou se ensinem quaisquer crenças especulativas em qualquer igreja, porque de modo nenhum elas concernem aos direitos civis dos súditos. Se algum papista verdadeiramente acredita ser vertido no corpo de Cristo o que outro chamaria de pão, nenhuma injúria faz ao vizinho. Se um judeu não acredita que o Novo Testamento seja a palavra de Deus, em nada muda os direitos civis. Se um pagão duvida de um e outro Testamento, não deve ser punido por isso como um cidadão ímprobo. Se alguém acredita ou não nessas coisas, o poder do magistrado e os bens dos cidadãos podem ser bem preservados. Concedo, livremente, que essas crenças sejam falsas e absurdas, porém, as leis não cuidam da veracidade das crenças, mas da proteção e segurança do Estado e dos bens de cada um. Isso não é, em absoluto, para se lastimar. Certamente, bem se agiria com relação à verdade, se fosse deixada por si mesma de uma vez por todas. Pouca

opis illi attulit vel afferet unquam potentiorum dominatus, quibus nec cognita semper nec semper grata veritas; vi opus non habet, ut ad hominum mentes aditum inveniat, nec legum voce docetur. Mutuatitiis et extraneis auxiliis regnant errores. Veritas si sua luce sibi non arripiat intellectum, alieno robore non potest. Sed de his hactenus. Ad opiniones practicas jam pergendum.

Morum rectitudo, in qua consistit non minima religionis et sincerae pietatis pars, etiam ad vitam civilem spectat et in ea versatur animarum simul et reipublicae salus; ideoque utriusque sunt fori, tam externi quam interni, actiones morales; et utrique subjiciuntur imperio, tam moderatoris civilis quam domestici, scilicet magistratus et conscientiae. Hic igitur metuendum est, ne alter alterius jus violet et inter pacis et animae custodem lis oriatur. Sed si ea, quae supra de utriusque limitibus dicta sunt, recte perpendantur, rem hanc totam facile expedient.

Quivis mortalium animam habet immortalem, aeternae beatitudinis aut miseriae capacem, cujus salus cum ex eo pendeat, quod homo in hac vita egerit ea quae agenda et ea crediderit quae credenda ad numinis conciliationem sunt necessaria et a Deo praescripta: inde 1. sequitur, quod ad haec observanda ante omnia obligatur homo et in his praecipue investigandis peragendisque omnem suam curam, studium et diligentiam ponere debet; quandoquidem nihil habet haec mortalis conditio quo cum illa aeterna ullo modo sit aequiparanda. 2. Sequitur, quod cum homo aliorum hominum jus suo erroneo cultu nequaquam violet, cum alteri injuriam non faciat quod cum eo recte de rebus divinis non sentiat, nec illius perditio aliorum rebus prosperis fraudi sit, ad singulos solum salutis suae curam pertinere. Hoc autem non ita dictum velim, ac si omnia charitatis monita et studium errores redarguentium, quae maxima sunt Christiani officia, excludere vellem. Hortationum et argumentorum quantum velit cuivis licet alterius saluti impendere; sed vis omnis et coactio abesse debet, nihil illic faciendum pro imperio. Nemo alterius monitis vel authoritati hac in re ultra quam ipsi visum fuerit obtemperare tenetur. Suum cuique de sua salute supremum et ultimum judicium est; quia ipsius solum res agitur, aliena inde nihil detrimenti capere potest.

contribuição deu ou dará algum dia para ela o domínio dos poderosos, pelos quais a verdade nem sempre é conhecida e para os quais nem sempre é grata. Ela não tem necessidade da força para encontrar a entrada junto às mentes dos homens nem é ensinada pela voz das leis. Os erros reinam graças a auxílios emprestados e estranhos. Se a verdade, por sua luz, não toma para si o entendimento, não pode tomá-lo pela clava de outro. Até aqui, tratamos dessas crenças, agora continuemos com as práticas.

A retidão de costumes, em que consiste uma parte não pequena da religião e da piedade sincera, também diz respeito à vida civil e nela reside tanto a salvação das almas quanto a do Estado. As ações morais são do foro tanto de um quanto de outro, tanto do interior quanto do exterior, ambas estão sujeitas ao governo tanto do moderador civil quanto do doméstico, isto é, do magistrado e da consciência. Aqui, então, deve-se temer que um não viole o direito do outro e uma desavença se origine entre o guardião da paz e o das almas, mas, se aquilo que foi dito acima sobre os limites de ambos for avaliado com retidão, esse nó será facilmente desatado.

Todo mortal tem uma alma imortal, capaz da eterna beatitude ou infelicidade, mas, como a salvação dela depende de o homem, nesta vida, ter feito e acreditado nas coisas que deve fazer e em que deve acreditar, as quais são prescritas por Deus e necessárias para a benevolência da divindade, daí: (I) se segue que o homem é obrigado, antes de tudo, a observar essas coisas e, principalmente, deve pôr todo seu cuidado, estudo e diligência nessas coisas que se deve investigar e realizar, visto que essa condição mortal não tem nada que de algum modo seja comparável à eterna; (II) se segue que, como um homem de forma alguma viola o direito dos outros homens por seu culto errôneo, como não comete injúria a outro porque não avalia corretamente como ele as coisas divinas, nem sua perdição causa prejuízo à prosperidade dos outros, pertence apenas a cada um o cuidado com sua salvação. Por outro lado, dizendo isso dessa forma, não quero excluir todas as advertências caridosas e o empenho para refutar erros, que são os maiores deveres dos cristãos. A qualquer um é lícito usar quantas exortações e argumentos quiser para a salvação de outrem, mas deve abster-se de toda força e coerção e nada deve ser feito em prol do domínio. Nesse assunto, ninguém é obrigado a obedecer às advertências ou à autoridade de outros além da que tenha escolhido para si mesmo. Para cada um, o juízo último e supremo a respeito de sua salvação é seu, porque somente a si mesmo essas coisas concernem, os outros, por isso, não podem sofrer nenhum prejuízo.

Praeter animam immortalem vita insuper homini est in hoc saeculo, labilis quidem et incertae durationis, ad quam sustentandam terrenis commodis opus est, labore et industria conquirendis aut jam conquisitis. Quae enim ad bene beateque vivendum necessaria sunt, non sponte nascuntur. Hinc homini de his rebus altera cura. Cum vero ea sit hominum improbitas, ut plerique mallent alieno labore partis frui quam suo quaerere, ideo homini parta, ut opes et facultates, vel ea quibus parantur, ut corporis libertatem et robur, tuendi gratia, ineunda est cum aliis societas, ut mutuo auxilio et junctis viribus harum rerum ad vitam utilium sua cuique privata et secura sit possessio, relicta interim unicuique salutis suae aeternae cura; cum illius acquisitio nec alterius juvari poterit industria, nec amissio alterius cedere in damnum, nec spes ulla vi abripi. Cum vero homines in civitatem coeuntes, pacta ad rerum hujus vitae defensionem mutua ope, possint nihilominus rebus suis everti, vel civium rapina et fraude vel exterorum hostili impetu: huic malo, armis, opibus et multitudine civium, illi, legibus quaesitum est remedium; quarum omnium rerum cura et potestas a societate magistratibus demandata est. Hanc originem habuit; ad hos usus constituebatur; et his cancellis circumscribitur legislativa quae suprema est reipublicae cujusvis potestas, ut scilicet prospiciat singulorum privatis possessionibus, adeoque universo populo ejusque publicis commodis, ut pace opibusque floreat ac augeatur, et contra aliorum invasionem quantum fieri possit suo robore tutus sit.

His positis, intellectu facile est quibus regitur finibus magistratus in legibus ferendis praerogativa, bono scilicet publico terrestri sive mundano, quod idem unicum ineundae societatis argumentum unicusque constitutae reipublicae finis, quaeque ex altera parte privatis restat in rebus ad futuram vitam spectantibus libertas: nempe ut quod credit placere Deo, ex cujus beneplacito pendet hominum salus, id quisque agat. Primum enim debetur Deo obsequium, deinde legibus. Sed dices: Quid si edicto jusserit magistratus quod privatae conscientiae videatur illicitum? Respondeo: Si bona fide administretur respublica et ad bonum commune civium revera dirigantur magistratus consilia, hoc raro eventurum. Quod si forte eveniat, dico abstinendum privato

Além da alma imortal, há a vida secular do homem, lábil e de duração incerta, para cujo sustento há a necessidade de comodidades terrenas, já conquistadas ou a ser conquistadas pelo labor e pela indústria, porque as coisas necessárias para se viver bem e com felicidade não nascem espontaneamente. Daí que para os homens há um outro cuidado, o dessas coisas. É tal, porém, a improbidade dos homens que a maioria prefere fruir de parte do labor dos outros a buscar pelo seu; por isso, para a proteção das aquisições do homem, sejam recursos e pertences, ou as coisas pelas quais são adquiridos, sejam o vigor e a liberdade do corpo, é fundada uma sociedade com os outros para que, pelo auxílio mútuo e pela união de forças, a posse, por qualquer um, das coisas úteis à vida seja privada e segura.[59] Ao mesmo tempo, o cuidado com a salvação eterna é deixado a cada um, pois a diligência de outrem não poderia ajudar na sua conquista, nem a sua perda resultar em dano a outrem, nem sua esperança ser arrancada pela força. Os homens, reunidos numa sociedade civil, por pactos mútuos para a defesa das coisas desta vida, poderiam, todavia, ser expropriados de suas coisas ou pela rapina e fraude dos concidadãos ou pelo ataque de inimigo externo. Para esse mal, o remédio buscado são as armas, a riqueza e a quantidade de cidadãos; para aquele mal, são as leis. O poder e o cuidado de todas essas coisas é confiado aos magistrados pela sociedade. Essa é a origem, para esse uso foi constituído e a essas fronteiras se circunscreve o legislativo, que é o poder supremo de qualquer Estado, poder para velar pelas posses privadas dos indivíduos e, da mesma forma, pelo povo como um todo e pela utilidade pública, para que a paz e a riqueza floresçam e aumentem e, por seu vigor, ele esteja seguro contra a invasão dos estrangeiros, tanto quanto possível.

Posto isso, é fácil entender os fins pelos quais é regida a prerrogativa do magistrado de elaborar leis, a saber, pelo bem público terrestre ou mundano, que é o mesmo e único motivo para se ingressar na sociedade, único fim do Estado constituído; por outro lado, resta às pessoas privadas a liberdade nas coisas que dizem respeito à vida futura: agir segundo o que cada um acredita agradar a Deus, de cujo beneplácito a salvação dos homens depende. Primeiramente, deve-se obediência a Deus, depois, às leis. Mas dirás: e se o magistrado tiver ordenado por decreto o que parecer ilícito à consciência das pessoas privadas? Respondo: se o Estado for administrado pela boa-fé e as deliberações do magistrado estiverem dirigidas, realmente, para o bem comum dos cidadãos, isso raramente acontecerá. Se, porventura, acontecer, digo que a pessoa privada deve

ab actione quae ipsi dictante conscientia est illicita; sed poena quae ferenti non est illicita subeunda. Privatum enim cujusque judicium legis in bonum publicum et de rebus politicis latae non tollit obligationem, nec meretur tolerantiam. Quod si lex sit de rebus extra magistratus provinciam positis, scilicet ut populus, ejusve pars aliqua, ad alienam religionem amplectendam et ad alios ritus transire cogatur, ea lege non tenentur aliter sentientes. Quandoquidem ad rerum hujus vitae solummodo conservandam privato cuique possessionem, nec alium in finem, inita est societas politica, animae suae et rerum caelestium cura, quae ad civitatem non pertinet nec ei subjici potuit, privato cuique reservata atque retenta. Vitae inde et rerum ad hanc vitam spectantium tutela civitatis est negotium, et earum possessoribus suis conservatio officium magistratus. Non possunt igitur res hae mundanae ad magistratus libitum his auferri, illis tradi; nec earum, ne quidem lege, mutari inter concives privata possessio propter causam quae ad concives nullo modo pertinet, nempe religionem, quae sive vera sive falsa nullam facit reliquis civibus in rebus mundanis, quae solae reipublicae subjiciuntur, injuriam.

Sed dices: Quid si magistratus credat hoc in bonum publicum fieri? Respondeo: Quemadmodum privatum cujusque judicium, si falsum sit, illum a legum obligatione nequaquam eximit, sic privatum, ut ita dicam, magistratus judicium novum illi in subditos legum ferendarum jus non acquirit, quod ipsa reipublicae constitutione illi non concessum fuit nec concedi quidem potuit. Multo minus, si id agat magistratus, ut suos asseclas, suae sectae addictos, aliorum spoliis augeat et ornet. Quaeris: Quid si magistratus id quod jubet in sua potestate esse situm et ad rempublicam utile credat, subditi vero contrarium credant? Quis erit inter eos judex? Respondeo: Solus Deus, quia inter legislatorem et populum nullus in terris est judex. Deus inquam hoc in casu solus est arbiter, qui in ultimo judicio pro cujusque meritis, prout bono publico pacique et pietati sincere et secundum jus fasque consuluit, rependet. Dices: Quid interim fiet? Respondeo: Prima animae cura habenda et paci quam maxime studendum; quanquam pauci sint qui ubi solitudinem factam

se abster da ação que sua própria consciência lhe dita ser ilícita, mas a punição que deve sofrer não é ilícita. O juízo privado de cada um não suprime a obrigação com as leis para o bem público e com o estabelecido sobre os assuntos políticos, nem é merecedor de tolerância. Todavia, se a lei tratar de coisas postas além da função do magistrado, por exemplo, que o povo, ou alguma parte dele, seja coagido a abraçar a religião de outrem e passar para os ritos de outros, os que pensam diferentemente não estão obrigados por essa lei, pois a sociedade política foi fundada somente para conservar, para qualquer pessoa privada, a posse das coisas dessa vida, para nenhum outro fim. O cuidado com a alma e com as coisas celestes, que não pertence à sociedade civil nem a ela pode estar sujeita, está reservado e mantido para cada pessoa privada. Portanto, a proteção da vida e das coisas que dizem respeito a esta vida é tarefa da sociedade civil, e a conservação delas para os seus proprietários é dever do magistrado. Por isso, essas coisas mundanas não podem, segundo o desejo do magistrado, ser tiradas deste e dadas àquele, nem, mesmo por lei, sua posse privada pode ser alterada entre os concidadãos por uma causa que não pertença de modo algum aos concidadãos, isto é, a religião, pois, quer seja verdadeira, quer seja falsa, não resulta em nenhuma injúria aos demais cidadãos nas coisas mundanas, que são as únicas sujeitas ao Estado.

Mas dirás: e se o magistrado acredita que isso é feito para o bem público? Respondo: do mesmo modo que o juízo de qualquer pessoa privada, se for falso, não a exime da obrigação das leis, o juízo privado, por assim dizer, do magistrado não lhe imputa um novo direito de impor leis aos súditos, porque isso não lhe foi concedido, nem poderia sê-lo, na própria constituição do Estado; menos ainda se o magistrado fizer isso para aumentar seus seguidores, os membros de sua seita, e os enriquecer com os espólios dos outros. Perguntarás: e se o magistrado crê que isso que ele ordena esteja em seu poder e seja útil para o Estado, ainda que os súditos creiam no contrário? Quem será o juiz entre eles? Respondo: somente Deus, porque não há na terra juiz entre os legisladores e o povo. Direi que, nesse caso, somente Deus é o árbitro, que, no juízo final, pagará a cada um por mérito, avaliando de acordo com o bem público, a paz e a piedade sincera e segundo o direito e a justiça divina. Dirás: o que fazer nesse ínterim? Respondo: primeiramente, deve-se cuidar da alma e empenhar-se ao máximo pela paz, embora sejam poucos os que acreditem na paz onde veem o completo abandono.[60] Há duas medidas para o conflito entre os homens: uma, o direito, outra, a força de quem o

vident pacem credant. Eorum quae inter homines disceptantur duplex est ratio, una jure, alia vi agentium; quorum ea est natura, ut ubi alterum desinit, alterum incipiat. Quousque jura magistratus apud singulas gentes extendantur, non meum est inquirere; hoc solum scio quid fieri solet ubi ambigitur absente judice. Dices: Igitur magistratus quod e re sua fore crediderit viribus potior efficiet. Respondeo: Rem dicis; ceterum hic de recte faciendorum norma, non de dubiorum successu quaeritur.

Sed ut ad magis particularia descendamus, dico primo: Nulla dogmata humanae societati vel bonis moribus ad societatem civilem conservandam necessariis adversa et contraria a magistratu sunt toleranda. Sed horum rara sunt in quavis ecclesia exempla; quae enim societatis fundamenta manifesto subruunt, adeoque universi humani generis judicio damnata sunt, nulla secta eo vesaniae progredi solet, ut ea pro religionis dogmatibus docenda judicet, quibus suae ipsorum res, quies, fama in tuto esse non possunt.

2. Tectius sane, sed et periculosius reipublicae malum est eorum, qui sibi suaeque sectae hominibus peculiare aliquod praerogativum contra jus civile arrogant, verborum involucris ad fucum faciendum aptis occultum. Nusquam fere invenies, qui crude et aperte docent nullam fidem esse servandam, principem a quavis secta e solio suo deturbari posse, dominium omnium rerum ad se solos pertinere. Haec enim ita nude et aperte proposita excitarent statim magistratus animos, et reipublicae oculos curamque ad malum hoc in sinu suo latens ne ultra serperet, ilico converterent. Inveniuntur tamen qui aliis verbis idem dicunt. Quid enim aliud sibi volunt, qui docent nullam fidem servandam esse cum haereticis? Illud scilicet volunt, sibi concessum esse fidei fallendae privilegium, quandoquidem omnes ab ipsorum communione alieni haeretici pronuntiantur, vel data occasione possunt pronuntiari. Reges excommunicatos regno excidere, quo tendit, nisi ut reges regno suo exuendi potestatem sibi arrogarent, cum excommunicationis jus suae soli hierarchiae vendicent? Dominium fundari in gratia, tribuet tandem omnium rerum possessionem hujus sententiae propugnatoribus, qui usque adeo sibi non deerunt, ut credere vel profiteri nolint se vere pios esse et fideles. Hi igitur et hujusmodi, qui fidelibus, religiosis,

faz, e a natureza delas é tal que onde uma termina a outra começa. Não é minha busca até onde se estendem os direitos dos magistrados junto a cada povo, somente sei o que costuma acontecer quando há disputa na ausência de juiz. Dirás: então o magistrado, maior pela força, executará o que for que, à sua maneira, acredite. Respondo: é como dizes, mas se investiga aqui a norma do agir corretamente, não como sucedem os casos duvidosos.

Mas, para que desçamos ao mais particular, digo em primeiro lugar: nenhum dogma incompatível e contrário à sociedade humana ou aos bons costumes, necessários para preservar a sociedade civil, deve ser tolerado pelo magistrado. Em qualquer igreja, porém, são raros os exemplos desse tipo, que, notoriamente, minam os fundamentos da sociedade e, por isso, são condenados pelo juízo universal do gênero humano. Nenhuma seita costuma chegar à loucura de julgar dever ensinar essas coisas como dogmas da religião, nas quais não podem estar seu bem, sua tranquilidade e sua reputação.

2. Disfarçado como sadio, mas ainda mais perigoso para o Estado, é o mal daqueles que arrogam, para si e para os homens de sua seita, certa prerrogativa peculiar contra o direito civil, envolvida em palavras capazes de lançar fumaça sobre os olhos. Quase em nenhum lugar encontrarás quem descarada e abertamente ensine que não se deve manter uma promessa, que o príncipe pode ser derrubado de seu trono por qualquer seita, que o domínio de todas as coisas pertence somente a si. Essas coisas, propostas nua e abertamente, imediatamente chamariam a atenção do magistrado e voltariam o cuidado e os olhos do Estado para esse mal latente em seu seio a fim de que não serpeie adiante. Encontram-se pessoas, porém, que dizem o mesmo com outras palavras. Com efeito, o que mais querem para si os que ensinam que nenhuma promessa aos hereges deve ser mantida? Decerto querem que o privilégio de quebrar promessas pertença a eles, pois todos que não são de sua comunhão são declarados heréticos ou, em ocasião oportuna, poderão sê-lo. Que reis excomungados possam ser destituídos de seus reinos, a que isso tende senão a arrogarem para si o poder de depor reis de seu reino, quando reivindicam o direito de excomunhão somente para sua hierarquia? Que o domínio se funda na graça atribuiria a posse de todas as coisas aos defensores dessa forma de pensar, os quais não chegariam ao ponto de não querer acreditar ou professar que são os verdadeiramente pios e fiéis. Portanto, estes e semelhantes, que atribuem aos fiéis, religiosos e

orthodoxis, id est sibi, aliquod prae reliquis mortalibus privilegium vel potestatem in rebus civilibus tribuunt, quive potestatem aliquam in homines a communione sua ecclesiastica alienos, vel quocunque modo separatos, praetextu religionis sibi vendicant, ut a magistratu tolerentur jus nullum habere possunt; uti nec ii, qui alios etiam a se de religione dissentientes tolerandos esse docere nolunt. Quid enim aliud docent hi et hujusmodi omnes, quam se quacunque data occasione reipublicae jura et civium libertatem ac bona invasuros? Idque solum a magistratu petunt, ut sibi detur venia et libertas, usque dum ad id audendum ipsis copiarum et virium satis sit.

3. Ea ecclesia ut a magistratu toleretur jus habere non potest, in quam quicunque initiantur ipso facto in alterius principis clientelam et obedientiam transeunt. Hoc enim pacto extraneae jurisdictioni suis in finibus urbibusque locum praeberet magistratus, et ex suis civibus contra suam rempublicam milites conscribi pateretur. Nec huic malo remedium aliquod affert futilis illa et fallax inter aulam et ecclesiam distinctio; cum utraque absoluto ejusdem hominis imperio aeque subjicitur qui, quicquid libet, potest vel quatenus spirituale vel in ordine ad spiritualia suadere, immo injungere suae ecclesiae hominibus sub poena ignis aeterni. Frustra aliquis se religione solum Mahumedanum esse, cetera magistratus Christiani fidelem subditum dicet, si fateatur se caecam obedientiam Mufti Constantinopolitano debere, qui et ipse Imperatori Ottomano obsequentissimus ad illius voluntatem conficta promit religionis suae oracula. Quanquam aliquanto apertius reipublicae Christianae renuntiaret ille inter Christianos Turca, si eundem agnosceret esse ecclesiae suae qui et imperii caput.

4. Ultimo, qui numen esse negant, nullo modo tolerandi sunt. Athei enim nec fides nec pactum nec jusjurandum aliquod stabile et sanctum esse potest, quae sunt societatis humanae vincula; adeo ut Deo vel ipsa opinione sublato haec omnia corruant. Praeterea, nullum sibi religionis nomine vendicare potest tolerantiae privilegium, qui omnem funditus tollit per atheismum religionem. Reliquas opiniones practicas quod attinet, etiamsi non omni errore vacuas, si iis nulla dominatio nec impunitas civilis quaeratur, ecclesiae in quibus docentur cur tolerari non debeant, nulla dari potest ratio.

ortodoxos, isto é, para si, o privilégio ou poder acima dos demais mortais nos assuntos civis; ou que reivindicam para si, com o pretexto da religião, qualquer poder contra os homens que não são de sua comunhão eclesiástica ou que, de algum modo, estão separados dela, eles não têm qualquer direito de ser tolerados pelo magistrado; nem, tampouco, os que não querem ensinar que os outros, os dissidentes de sua religião, devem ser tolerados. O que ensinam eles, e todos desse tipo, senão que, dada a ocasião oportuna, assaltarão os direitos do Estado, os bens e a liberdade dos cidadãos? Eles somente pedem ao magistrado que lhes seja dada complacência e liberdade até que suas próprias forças e tropas bastem para ousar isso.

3. Para que seja tolerada pelo magistrado, não pode ter direitos aquela igreja cujos iniciados passam, por isso, ao serviço e à obediência de outro príncipe, pois, desse modo, o magistrado daria espaço para uma jurisdição estrangeira em suas fronteiras e cidades e permitiria que seus cidadãos se alistassem como soldados contra seu Estado. Nem aquela fútil e falaz distinção entre corte e igreja oferece algum remédio a esse mal, pois ambas estão indistintamente submetidas ao governo absoluto de um mesmo homem, que, no espiritual ou na ordem espiritual, pode persuadir ou obrigar ao que quiser os homens de sua igreja sob pena do fogo eterno. Em vão alguém diz ser maometano somente em religião e, no restante, súdito fiel do magistrado cristão, se admite dever obediência cega ao mufti de Constantinopla, que, obedientíssimo ao imperador otomano, exprime os oráculos de sua religião inventados conforme a vontade daquele. Um turco, entre cristãos, renunciaria ainda mais abertamente ao Estado cristão, se reconhecesse que o chefe da sua igreja e do governo são o mesmo.

4. Por último, os que negam haver uma divindade de modo algum devem ser tolerados. Para um ateu, nem uma promessa, nem um pacto, nem um juramento, que são os vínculos da sociedade humana, podem ser de alguma forma estáveis e sagrados, já que, subtraído Deus, mesmo que em crença, todas essas coisas desabam. Além disso, não pode reivindicar para si o privilégio da tolerância em nome da religião quem, pelo ateísmo, suprime radicalmente toda religião. Quanto às demais crenças práticas correspondentes, ainda que não isentas de todo erro, se nenhuma dominação ou impunidade civil é buscada, nenhuma razão pode ser dada para que as igrejas em que são ensinadas não devam ser toleradas.

Restat ut pauca de coetibus dicam, qui maximam doctrinae de tolerantia afferre creduntur difficultatem, cum seditionum fomenta et factionum conciliabula vulgo audiant. Et forte aliquando fuerunt; sed non suo peculiari aliquo genio, sed oppressae vel male stabilitae libertatis infortunio. Cessarent ilico hae criminationes, si concessae quibus debetur tolerantiae ea esset lex, ut omnes ecclesiae tenerentur docere et pro libertatis suae fundamento ponere, scilicet quod alii etiam a se in sacris dissentientes essent tolerandi, et quod nemo vel lege vel vi ulla in rebus religionis deberet coerceri; quo uno stabilito, omnis querelarum tumultuumque conscientiae nomine adimeretur praetextus. His autem sublatis motuum vel irarum causis, nihil restat quod in his quam in aliis coetibus non esset magis pacificum et a rebus politicis turbandis alienum. Verum percurramus accusationum capita.

Dices: Coetus et hominum concursus reipublicae sunt periculosi et paci minantur. Respondeo: Hoc si ita sit, quare in foro quotidie coitio, quare in judiciis conciones, quare in collegiis conventus et in urbibus frequentia? Dices: Hi sunt coetus civiles, illi vero de quibus agitur ecclesiastici. Respondeo: Quasi vero illi coetus, qui a rebus civilibus tractandis inter ceteros longissime absunt, rebus civilibus turbandis maxime essent accommodi. Dices: Coetus civiles sunt hominum de rebus religionis diversa sentientium, ecclesiastici vero hominum qui in eadem sunt opinione. Respondeo: Quasi vero de rebus sacris et salute animae eadem sentire esset contra rempublicam conspirare; nec minus, immo vero acrius consentiunt, quo minor publice coeundi libertas. Dices: In coetus civiles cuivis liber ingressus, in religiosorum conciliabulis commodior tectis et clandestinis consiliis locus. Respondeo: Nego omnes coetus civiles, ut sunt collegia etc., omnibus patere. Si vero clandestinae sunt quorundam ad rem sacram coitiones, quinam quaeso hac in re criminandi, qui cupiunt, an qui prohibent publicos coetus? Dices: Sacrorum communionem maxime hominum inter se devincire animos, ideoque maxime metuendam. Respondeo: Si ita se res habet, quare magistratus a sua sibi non metuit ecclesia, eosque coetus tanquam sibi minitantes non prohibet? Dices: Quia ipse illorum pars est et caput. Respondeo: Quasi vero et ipsius reipublicae non sit pars,

Resta que eu fale um pouco sobre as assembleias, que se acredita colocarem a maior dificuldade para a doutrina da tolerância, uma vez que são comumente tidas como fomento de sedições e conjurações de facções, o que, talvez, fossem outrora, mas não por qualquer coisa peculiar ao seu gênio, mas pelo infortúnio da opressão ou da liberdade mal estabelecida.[61] Essas incriminações cessariam de imediato se houvesse uma lei da tolerância que a concedesse a quem se deve, para que todas as igrejas tivessem de ensinar e pôr como fundamento de sua liberdade que se devesse tolerar as outras, mesmo as dissidentes de si nas coisas sagradas,[62] e que ninguém devesse ser coagido em assuntos de religião, seja pela lei, seja por qualquer força. Uma vez estabelecida, todo pretexto de querelas e de tumultos em nome da consciência seria suprimido. Dessa forma, subtraídas essas causas de agitações e de iras, nada restaria nessas assembleias que não fosse menos pacífico do que em outras nem mais distante das coisas que levam a perturbações políticas. Analisemos, então, o centro das acusações.

Dirás: a assembleia e a reunião de homens são perigosas para o Estado e ameaçam a paz. Respondo: se fosse assim, como há, todos os dias, uma concentração na praça, congregações nos tribunais, convenções em corporações e aglomeração nas cidades? Dirás: essas são assembleias civis, aquelas sobre as quais discutimos, são, na verdade, eclesiásticas. Respondo: como se, então, as assembleias que, dentre outras, estão o mais distante de tratar dos assuntos civis fossem as mais próprias para perturbar os assuntos civis. Dirás: as assembleias civis são de homens que têm diferentes formas de pensar sobre assuntos de religião, as eclesiásticas, na verdade, de homens que têm mesma crença. Respondo: como se, então, pensar o mesmo sobre os assuntos sagrados e sobre a salvação da alma fosse conspirar contra o Estado; quanto menor a liberdade para se reunir publicamente, não menos, mas mais ardentemente se entra em acordo. Dirás: nas assembleias civis há livre ingresso a qualquer um, nas associações religiosas há lugar mais conveniente para concílios encobertos e clandestinos. Respondo: nego que todas as assembleias civis, como, por exemplo, as corporações e etc., estejam abertas a todos. Se, na verdade, as reuniões de alguns para os assuntos sagrados são clandestinas, pergunto quem deve ser recriminado por isso, os que o desejam ou os que proíbem as assembleias públicas? Dirás: a comunhão nos ritos sagrados produz o maior vínculo entre as almas dos homens e, por isso, ela é a mais temível. Respondo: se fosse assim, por que o magistrado não teme sua igreja e não proíbe suas assembleias como ameaças a si? Dirás: por ele próprio ser parte e chefe dela. Respondo:

totiusque populi caput. Dicamus igitur quod res est; metuit ab aliis ecclesiis, a sua vero non metuit, quia his favet et benignus est, aliis severus et immitis. His liberorum conditio est, quibus indulgetur usque ad lasciviam; illis servorum, quibus ergastulum, carcer, capitis imminutio, bonorum sectio, frequentiores sunt vitae inculpatae mercedes. Hi foventur, illi quavis de causa vapulant. Mutentur vices, vel aequo cum reliquis civibus in rebus civilibus utantur jure, senties ilico non amplius a coetibus religiosis metuendum esse; si quid enim factiose meditentur homines, id non congregatis suadet religio, sed oppressis miseria. Justa et temperata imperia ubique quieta, ubique tuta sunt; injustis et tyrannicis gravati semper reluctabuntur. Scio seditiones saepe fieri, easque plerumque religionis nomine. Verum et religionis causa subditi plerumque male mulctantur et iniqua sorte vivunt; sed crede mihi, non sunt ii quarundam ecclesiarum vel religiosarum societatum peculiares, sed communes ubique hominum mores sub iniquo onere gementium et jugum quod gravius cervicibus suis insidet succutientium. Quid credis, si neglecta religione et facta a corporis habitu discriminatione, iis qui nigro sunt capillo aut caesiis oculis iniqua esset inter reliquos cives conditio, ut non libera illis esset emptio et venditio, artis exercitium prohibitum, liberorum educatio et tutela parentibus adempta, fora aut clausa, aut tribunalia iniqua, quid, nonne existimas ab his, qui solum crinium vel oculorum colore conjunguntur adjecta persecutione, aeque metuendum esse magistratui quam ab aliis inter quos societatem conciliaverit religio? Alios in societatem redigit ad negotia sumptus lucrique communitas, alios ad hilaritatem otium; hos conjungit urbs eadem tectorumque vicinitas ad convictum, illos religio ad cultum divinum; sed una est quae populum ad seditionem congregat, oppressio. Dices: Quid igitur vis ad sacra celebranda coetus fieri invito magistratu? Respondeo: Quid invito? Res enim est licita et necessaria. Invito dicis magistratu: hoc est, quod queror, hoc mali fons et fundi nostri calamitas. Cur magis displicet in templo quam in theatro aut circo hominum concursus? Non vitiosior hie nec turbulentior multitudo. Nempe huc tandem tota res redit, quod male habiti, ideo minus ferendi. Tolle juris iniquam distinctionem, mutatis legibus tolle supplicii poenam, et omnia tuta, omnia secura

como se ele não fosse parte do próprio Estado e chefe de todo o povo. Falemos, pois, o que a coisa é: ele teme as outras igrejas, mas não teme a sua, porque é favorável e benigno a ela, severo e duro com as outras. A condição para esta é a de filho, com ela é indulgente até a licenciosidade; para aquelas, a condição é de servos, para elas a mercê mais frequente são a senzala, o cárcere, a pena capital, o confisco de bens, ainda que tenham as vidas mais inocentes. Esta é favorecida, aquelas levam açoite por qualquer causa. Se as posições forem mudadas ou se derem aos demais cidadãos direitos iguais nos assuntos civis, perceberás de imediato que mais nada se deve temer nas assembleias religiosas. Se os homens formam facções, a religião não persuade os congregados a isso, mas a miséria, os oprimidos. Os governos justos e moderados são, em todo lugar, calmos, em todo lugar, seguros; as pessoas afrontadas pelos injustos e pelos tirânicos sempre relutarão. Sei que as sedições nascem frequentemente e, muitas vezes, em nome da religião, mas também é verdade que, muitas vezes, por causa da religião, os súditos são punidos e vivem uma sorte iníqua. Acredita em mim, essas coisas não são peculiares a qualquer igreja ou sociedade religiosa, mas aos costumes comuns dos homens que, em toda parte, gemendo sob carga iníqua, sacodem o jugo que assenta pesado em seus ombros. O que crês? Se a religião fosse deixada de lado e a discriminação feita por algum aspecto do corpo, se a condição daqueles que têm cabelos negros ou olhos azuis fosse iníqua entre os demais cidadãos, de modo que não fossem livres para comprar e vender, fosse-lhes proibido o exercício das profissões, retiradas a educação e a proteção dos filhos pelos pais, vetados os fóruns, ou os tribunais lhes fossem iníquos, não imaginas que deles, unidos apenas pela perseguição à cor dos olhos e dos cabelos, o magistrado deveria ter medo tanto quanto dos que se associam numa sociedade religiosa? A comunidade conduz alguns à sociedade para negócios de despesa e lucro, outros o ócio conduz para diversão; alguns a mesma cidade e a vizinhança de muro unem para o convívio, outros a religião une para o culto divino, mas só uma coisa congrega o povo para a sedição: a opressão. Dirás: queres então que a assembleia para celebrar o sagrado seja feita contra a vontade do magistrado? Respondo: como contra a vontade? Essa assembleia para celebrar o sagrado é, de fato, lícita e necessária. Contra a vontade do magistrado, dizes tu, mas é isso que questiono, isso é a fonte do mal e a calamidade de nossa casa.[63] Por que a reunião de homens no templo desagrada mais que no teatro ou no circo? Essa multidão não é mais viciosa ou mais turbulenta. Tudo se resume ao

erunt, tantoque magis a magistratus religione alieni reipublicae paci studendum existimabunt, quantum in ea melior eorum sit conditio quam alibi plerumque inveniatur; omnesque particulares et inter se dissidentes ecclesiae, tanquam publicae quietis custodes, acrius in aliarum mores invicem invigilabunt, ne quid novarum rerum moliantur, ne quid in regiminis forma mutetur, cum meliora sperare non possint quam quae jam possident, scilicet sub justo et moderato imperio aequam cum reliquis civibus sortem. Quod si maximum habetur regiminis civilis columen ea ecclesia, quae cum principe de religione consentit, idque eam solam ob causam, uti jam probavi, quod magistratum habet propitium legesque faventes: quanto magis aucto satellitio securior erit respublica, cum omnes boni cives ex quacunque demum ecclesia eadem principis benignitate eademque legum aequitate fruantur, nulla habita ob religionem distinctione, solisque facinorosis et contra pacem civilem peccantibus metuenda sit legum severitas?

Ut finem aliquando faciamus, concessa aliis civibus jura petimus. Licetne more Romano Deum colere? Liceat et Genevensi. Permissumne est Latine loqui in foro? Permittatur etiam quibus libet in templo. Fas et domi suae genua flectere, stare, sedere, gesticulationibus his vel illis uti, vestibus albis vel nigris, brevibus vel talaribus indui? In ecclesia nefas ne sit panem comedere, vinum bibere, aqua se abluere; reliquaque quae in communi vita lege libera sunt, in sacro cultu libera cuique ecclesiae permaneant. Nullius ob haec labefactetur vita aut corpus, nullius domus aut res familiaris evertatur. Presbyterorum apud te ecclesia permittitur disciplinae; cur non itidem quibus placet etiam et episcoporum? Ecclesiastica potestas, sive unius sive plurium manibus administretur, ubique eadem est, nec in res civiles jus nec vim cogendi habet ullam; nec divitiae aut reditus annui ad regimen ecclesiasticum pertinent. Licitos esse coetus ecclesiasticos et conciones usu publico comprobatur. Hos unius ecclesiae vel sectae civibus conceditis; quare non omnibus? Si quid in coetu religioso contra pacem publicam agitatum, reprimendum est eodem nec diverso modo quam si in nundinis acciderit. Si quid in concione ecclesiastica seditiose vel dictum vel factum, eodem

seguinte: eles são maltratados e, por isso, deve ser mais difícil suportá-los. Suprime a distinção iníqua de direito, muda as leis, suprime a pena que causa suplício, e tudo estará protegido, tudo estará seguro. Tanto mais os que professam uma religião diferente da do magistrado pensarão que devem se esforçar pela paz do Estado, quanto melhor for a condição que nela encontrarem comparada à da maioria dos lugares. E todas as pessoas privadas e as igrejas dissidentes entre si, como guardiões da quietude pública, vigiarão ativamente os costumes uns dos outros para que não sejam tramadas inovações, nem mudada a forma de regime quando não for possível esperar nada melhor do que já possuem, vale dizer, uma sorte igual à dos demais cidadãos sob um governo justo e moderado. Se a igreja que partilha a religião do magistrado é tida como o maior sustentáculo do regime civil, isso se deve somente por uma causa, como já provei: ter um magistrado protetor e leis favoráveis. Não será mais seguro o Estado quanto mais numerosos forem os que estiverem dispostos a combater por ele, isto é, quando todos os bons cidadãos, de qualquer igreja, fruírem da mesma bondade do príncipe e da mesma equidade das leis, resguardados de qualquer distinção por causa da religião, e a severidade da lei for temida apenas pelos criminosos e pelos que pecam contra a paz civil?

Para que cheguemos, enfim, a uma conclusão, reivindicamos os direitos concedidos aos outros cidadãos. É lícito cultuar Deus pelo costume romano? Que também seja lícito pelo de Genebra. É permitido falar latim na praça? Que também seja permitido aos que quiserem fazê-lo no templo. É fás, na própria casa, ajoelhar-se, ficar de pé, sentar-se, gesticular deste ou daquele modo, vestir-se com roupas brancas ou pretas, curtas ou até os tornozelos? Que, na igreja, não seja nefas comer pão, beber vinho, lavar-se com água e que permaneçam livres no culto sagrado de cada igreja as demais coisas que, por lei, são livres na vida comum. Que, por causa dessas coisas, a vida e o corpo de ninguém sejam destruídos, a casa ou a posse familiar de ninguém seja expropriada. No teu país, permite-se uma igreja com a disciplina dos presbíteros, por que não, da mesma forma, aos que lhe agradam, a dos bispos? O poder eclesiástico, seja administrado por uma ou por muitas mãos, é o mesmo em todo lugar e não tem, nas questões civis, qualquer direito ou força para coagir; nem pertencem à direção eclesiástica os bens e rendimentos anuais. Comprova-se, pelo uso público, serem lícitas as assembleias eclesiásticas e congregações. Se concedeis isso aos cidadãos de uma igreja ou seita, por que não a todos? Se uma agitação se prepara contra a paz pública

modo puniendum ac si in foro delictum esset. Haec non debent esse nec factiosorum nec flagitiosorum perfugia. Nec e contra concursus hominum in templo quam in curia magis illicitus, nec in his quam in illis civibus magis culpandus; quisque suo solum crimine, non aliorum vitio, in odium vel suspicionem vocandus. Seditiosi, homicidae, sicarii, latrones, rapaces, adulteri, injusti, conviciatores etc. ex quacunque demum ecclesia, sive aulica sive non, castigentur reprimanturque. Quorum vero doctrina pacifica, quorum mores casti et inculpati, eodem sint cum reliquis civibus loco. Atque si aliis coetus, solennes conventus, festorum dierum celebrationes, conciones, et sacra publica permittantur: haec omnia Remonstranti, Antiremonstranti, Lutherano, Anabaptistae, Sociniano pari jure permittenda. Immo si, quod verum est et quod hominem erga homines decet, aperte loqui liceat, ne ethnicus quidem vel Mahumedanus vel Judaeus religionis causa a republica arcendus. Nil simile jubet Evangelium. Id non desiderat ecclesia quae, *1. Cor.* V. 12, 13, extraneos non judicat. Non poscit respublica quae homines qua homines, modo probos, pacificos, industrios, recipit et amplectitur. An ethnicum apud te mercaturam exercere permittes, Deum vero precari vel colere prohibebis? Judaeis habitatio et tecta privata conceduntur, synagoga cur negatur? An eorum doctrina falsior, cultus turpior, vel concordia periculosior, in coetu publico quam in privatis aedibus? Si haec Judaeis et ethnicis concedenda, pejorne erit in republica Christiana Christianorum conditio? Dices: Immo vero, quia ad factiones, tumultus, et bella civilia magis proclives. Respondeo: Anne religionis Christianae hoc vitium? Si ita, pessima certe omnium est religio Christiana, et digna quam nec tu profitearis nec respublica omnino toleret. Nam si hic sit genius, haec natura ipsius religionis Christianae, ut turbulenta sit et paci civili inimica, ipsa illa quam fovet magistratus ecclesia aliquando non erit innocens. Sed absit ut hoc dicatur de religione avaritiae, ambitioni, dissidiis, jurgiis terrenisque cupiditatibus contraria et omnium quae unquam fuerunt maxime modesta et pacifica. Alia igitur malorum quae religioni imputantur quaerenda causa; quae si recte rem reputemus, in ea de qua

numa assembleia religiosa, isso deve ser reprimido do mesmo modo, não de modo diferente, como se tivesse acontecido num mercado. Se acaso numa congregação de igreja é dito ou feito algo para sedição, isso deve ser punido do mesmo modo, como se o delito fosse na praça.[64] As assembleias e as congregações religiosas não devem ser refúgio dos facciosos ou dos criminosos. Em contrapartida, nem é mais ilícita a reunião de homens num templo do que na corte, nem nesta nem naquele os cidadãos devem ser mais sujeitos à culpa; qualquer um deve estar fadado ao ódio e à suspeita somente pelo seu crime, não pelo vício de outros. Sediciosos, homicidas, sicários, ladrões, rapaces, adúlteros, injustos, caluniadores, etc., de qualquer igreja, seja a da corte ou não, devem ser castigados e reprimidos, mas os que têm uma doutrina pacífica, os que têm costumes castos e sem culpa, que estejam na mesma posição dos demais cidadãos. Se aos outros são permitidos assembleias, convenções solenes, celebrações dos dias festivos, ritos públicos e congregações, deve ser permitido, por direito igual, tudo isso ao remonstrante, ao antirremonstrante, ao luterano, ao anabatista, ao sociniano.[65] Aliás, se é lícito falar abertamente, dizer o que é a verdade e o que convém de homem para homem, nem os pagãos, da mesma forma que os maometanos ou os judeus, devem ser afastados do Estado por causa da religião. O Evangelho não ordena nada de semelhante. A igreja, que não julga os estrangeiros (*1 Cor.* 5:12-13), não deseja isso. O Estado, que recebe e abraça homens enquanto homens, desde que probos, pacíficos e trabalhadores, não exige isso. Permites ao pagão exercer, no teu país, o comércio, mas o proibirás de orar e cultuar a Deus? Se habitações e casas privadas são concedidas aos judeus, por que lhes é negada uma sinagoga? A doutrina deles é mais falsa, o culto é mais torpe, sua concórdia, mais perigosa numa assembleia pública do que nos edifícios privados? Se essas coisas forem concedidas aos judeus e pagãos, a condição de alguns cristãos, num Estado cristão, deverá ser pior? Dirás: sim, certamente, porque eles são mais inclinados a facções, tumultos e guerras civis. Respondo: por acaso esse vício é da religião cristã? Se assim for, a religião cristã certamente é a pior de todas e digna de que tu não a professes, nem de que o Estado a tolere de modo algum. De fato, se esse for o caráter, essa for a natureza da própria religião cristã, ser turbulenta e inimiga da paz civil, conclui-se que aquela mesma igreja que o magistrado favorece não será inocente. Mas que se fique longe de dizer isso de uma religião contrária à avareza, à ambição, aos dissídios, às disputas e aos desejos terrenos e que é a mais modesta e pacífica de todas as que já existiram. Portanto, deve-se buscar outra causa

nunc agitur quaestione tota consistere apparebit. Non opinionum diversitas, quae vitari non potest, sed negata diversa opinantibus tolerantia, quae concedi poterat, pleraque quae in orbe Christiano nata sunt de religione jurgia et bella produxit: dum primores ecclesiae avaritia et dominandi libidine acti magistratum saepe ambitione impotentem et populum superstitione semper vanum adversus heterodoxos omnimodo excitarent et acuerent, et contra leges Evangelii, contra charitatis monita, schismaticos haereticosque spoliandos exterminandosque praedicarent, et duas res diversissimas miscerent, ecclesiam et rempublicam. Quod si, uti fit, homines rebus suis honesto labore partis se exui haud patienter ferunt, et contra jus humanum divinumque alienae violentiae et rapinae praedam fieri, praesertim cum alias omnino inculpati sint, et ea res agitur quae ad jus civile minime pertinet, sed ad suam cujusque conscientiam et animae salutem, cujus ratio soli Deo reddenda est: quid aliud pene expectari potest, quam ut homines malorum, quibus opprimuntur, pertaesi sibi tandem persuadeant licere vim vi repellere, et jura sibi a Deo et natura concessa, nec propter religionem sed flagitia solum amittenda, armis quibus poterunt defendere? Haec nimirum ita hactenus fuisse plus satis testatur historia, et ita in posterum fore demonstrat ratio, quam diu illa de persecutione propter religionem valebit sive apud magistratum sive apud populum opinio, et ita ad arma clament et bella totis lateribus ebuccinent illi, qui debent esse pacis et concordiae praecones. Quod magistratus hujusmodi incendarios et publicae quietis perturbatores passi fuerint mirandum esset, nisi pateret et eos in praedae societatem vocatos aliena libidine et fastu ad suam augendam potentiam saepe usos fuisse. Quis enim non videt hos bonos viros non tam Evangelii quam imperii fuisse ministros, et principum ambitioni potentiorumque dominationi adulatos; idque omni studio et opera allaborasse, ut in republica promoverent, quam alias frustra affectarent in ecclesia, tyrannidem. Haec fuit plerumque ecclesiae et reipublicae concordia, inter quas, si utraque suis se contineret finibus, discordia quidem esse non potuit, dum haec mundanis civitatis bonis, illa animarum saluti unice studeret. Sed 'pudet

dos males que são imputados à religião, o que, se observarmos o assunto corretamente, parecerá constituir toda a questão de que agora se trata. Não é a diversidade de crenças, o que não se pode evitar, mas a tolerância negada aos que têm crenças diferentes, o que poderia ser concedido, que produziu a maior parte das guerras e disputas sobre religião que nasceram no mundo cristão. Ao mesmo tempo, os priores da igreja, levados pela avareza e pelo desejo de dominar, de todas as maneiras, excitam e aguçam contra os heterodoxos o magistrado, frequentemente impotente pela ambição, e o povo, sempre volúvel pela superstição; e, contra as leis do Evangelho, contra os preceitos da caridade, pregam que os cismáticos e os heréticos devem ser espoliados e exterminados, e misturam as duas coisas mais diversas: igreja e Estado. Ora, se, de fato, os homens não suportam pacientemente ser despojados das coisas obtidas pelo trabalho honesto e, contra o direito humano e divino, ser feitos presa da violência e rapina de terceiros sobretudo quando estão totalmente isentos de culpa e essas coisas em nada pertencem ao direito civil, mas à sua consciência e à salvação de sua alma, de cuja razão só devem prestar contas a Deus, o que, então, se pode esperar senão que os homens, cansados dos males pelos quais são oprimidos, convençam-se, enfim, de que é lícito repelir a força pela força e de que poderão defender pelas armas os direitos concedidos a eles por Deus e pela natureza, os quais não por causa da religião, mas somente por crimes, devem ser perdidos? A história testemunha, seguramente e mais que o bastante, que essas coisas têm sido assim até aqui e a razão demonstra que assim será no futuro, por todo tempo enquanto aquela ideia de perseguição por causa da religião prevalecer, seja junto do magistrado, seja junto do povo, e aqueles que devem ser os arautos da paz e da concórdia clamarem para as armas e soprarem as trombetas da guerra a pleno pulmões. Mas seria de se admirar os magistrados suportarem dessa forma os incendiários e perturbadores da quietude pública, se não estivesse claro eles terem sido chamados para partilhar o butim e, frequentemente, terem usado o desejo e o orgulho alheios para aumentar seu poder. Quem não vê que esses bons homens não são mais ministros do Evangelho do que do governo, aduladores do príncipe por ambição e dos poderosos por dominação? E que trabalharam com todo o empenho e expediente para promover no Estado a tirania que, de outra forma, buscam em vão alcançar na igreja? Essa foi, na maior parte das vezes, a concórdia de igreja e Estado, entre os quais, se ambos se ativerem a seus fins, não pode haver discórdia, enquanto um se dedicar unicamente aos

haec opprobria'. Faxit Deus O. M. ut aliquando Evangelium pacis praedicetur, magistratusque civilis de sua ad legem Dei conformanda multum, de aliena conscientia legibus humanis alliganda minus solliciti, tanquam patres patriae ad communem liberorum suorum – quotquot non protervi, non aliis iniqui nec maligni – felicitatem civilem promovendam omnia sua studia et consilia dirigant; virique ecclesiastici, qui se Apostolorum successores praedicant, Apostolorum vestigiis insistentes omissis rebus politicis saluti animarum cum pace et modestia unice incumbant. Vale.

Forsan abs re non fuerit pauca de haeresi et schismate hic subjungere. Mahumetanus Christiano haereticus vel schismaticus non est nec esse potest; et si aliquis a fide Christiana ad Islamismum deficiat, non eo haereticus vel schismaticus factus est, sed apostata et infidelis. De his nemo est qui dubitat. Unde constat homines diversae religionis hominibus haereticos vel schismaticos esse non posse.

Inquirendum est igitur quinam sint ejusdem religionis. Qua in re manifestum est eos esse ejusdem religionis, qui unam eandemque habent fidei et cultus divini regulam; illi vero religionis sunt diversae, qui eandem non habent fidei et cultus regulam. Quia cum omnia quae ad istam religionem pertinent in ea regula contineantur, necesse est eos qui in eadem regula conveniunt, in eadem etiam religione convenire, et vice versa. Sic Turci et Christiani diversae sunt religionis, quia hi Sacram Scripturam, illi Alcoranum pro regula religionis suae agnoscunt. Eadem plane ratione sub nomine Christiano diversae possunt esse religiones. Pontificii et Lutherani, quamvis utrique plane Christiani, utpote in nomine Christi fidem professi, non sunt ejusdem religionis, quia hi solum Sacram Scripturam agnoscunt pro religionis suae regula et fundamento, illi vero Sacrae Scripturae adjiciunt traditiones et Pontificis decreta, et inde sibi conficiunt religionis suae regulam. Christiani S. Johannis, uti vocantur, et Christiani Genevenses diversae sunt religionis, quanquam utrique Christiani nuncupentur, quod hi Sacram Scripturam, illi traditiones nescio quas pro regula religionis suae habent. His positis sequitur:

bens mundanos da sociedade civil e o outro, à salvação das almas. Mas esse opróbrio envergonha.[66] Fez Deus, Todo-Poderoso, o Evangelho da paz para que seja pregado sempre e para que os magistrados conformem suas consciências mais à lei de Deus e estejam menos preocupados em prender a consciência alheia às leis humanas, como pais da pátria que dirigem todos os seus esforços e conselhos para promover a felicidade civil comum de seus filhos, menos dos protervos, dos iníquos aos demais e dos maus, e para que os clérigos, que pregam serem os sucessores dos apóstolos, marchando sobre as pegadas dos apóstolos, renunciem às questões políticas e se encarreguem, com paz e modéstia, unicamente da salvação das almas. Adeus.

Talvez não esteja fora de lugar acrescentar aqui algo sobre a heresia e sobre o cisma. Um maometano não é nem pode ser herético ou cismático com relação a um cristão; e, se alguém abandona a fé cristã para o islamismo, não se faz, por isso, herético ou cismático, mas apóstata e infiel. Disso não há quem duvide. Sendo assim, constata-se que os homens não podem ser heréticos ou cismáticos com relação aos de uma religião diferente.

Deve-se perguntar, pois, quem é da mesma religião. Sobre esse assunto é manifesto serem da mesma religião os que têm uma mesma regra de fé e de culto divino, mas são de religião diferente os que não têm a mesma regra de fé e de culto, porque, como tudo que pertence a uma determinada religião está contido naquela regra, é necessário que os que concordam com a mesma regra concordem com a mesma religião e vice-versa. Assim, turcos e cristãos são de religiões diferentes, porque estes reconhecem como a regra de sua religião a Sagrada Escritura, aqueles, o Alcorão. Pela mesma razão, é claro que pode haver diferentes religiões sob o nome de cristãs. Papistas e luteranos, conquanto uns e outros sejam claramente cristãos, visto que professam a fé em nome de Cristo, não são da mesma religião, porque estes reconhecem como regra e fundamento de sua religião somente a Sagrada Escritura, aqueles, contudo, somam as tradições e os decretos papais à Sagrada Escritura e a partir disso formam para si a regra de sua religião. Os assim chamados cristãos de São João e os cristãos genebrinos são de religiões diferentes, ainda que uns e outros sejam denominados cristãos, porque estes a Sagrada Escritura, aqueles, não sei que tradições têm como regra de sua religião.[67] Posto isso, segue-se:

1. Quod haeresis sit separatio facta in communione ecclesiastica inter homines ejusdem religionis ob dogmata quae in ipsa regula non continentur.

2. Quod apud illos, qui solam Sacram Scripturam pro regula fidei agnoscunt, haeresis sit separatio facta in communione Christiana ob dogmata disertis Sacrae Scripturae verbis non contenta.

Haec separatio duplici modo fieri potest:

1. Quando major vel patrocinante magistratu fortior pars ecclesiae separat se ab allis, eos e communione ejiciendo excludendoque, quia certa dogmata verbis Scripturae non concepta se credere profiteri nolunt. Non enim separatorum paucitas, nec magistratus authoritas, haereseos reum potest aliquem reddere; sed ille solus haereticus est, qui ob hujusmodi dogmata ecclesiam in partes scindit, distinctionum nomina et notas introducit, et sponte sua separationem efficit.

2. Quando aliquis se separat ab ecclesiae communione, quia in ea publica non sit professio quorundam dogmatum quae disertis verbis non exhibet Sacra Scriptura.

Horum utrique haeretici sunt, quia in fundamentalibus errant, et prudentes scientesque obstinate errant. Cum enim pro unico fundamento fidei posuerint Sacram Scripturam, aliud nihilominus ponunt fundamentum, propositiones scilicet quae in Sacra Scriptura nusquam reperiuntur; et quia alii adscititias hasce ipsorum opiniones Sacrae Scripturae assutas tanquam necessarias et fundamentales agnoscere et iis inniti nolunt, eos a se abigendo, vel se ab iis subtrahendo, secessionem faciunt. Nec attinet dicere suas confessiones et articulos fidei Sacrae Scripturae et analogiae fidei esse consonos; si enim Sacrae Scripturae verbis concipiantur, nulla potest esse quaestio, quia omnium consensu fundamentalia ea sunt, et ejusmodi omnia, quia theopneusta. Quod si dicas articulos illos tuos, quorum professionem exigis, esse Sacrae Scripturae porismata, recte quidem facis, si ipse ea credas et profitearis quae tibi videntur cum regula fidei, scilicet Sacra Scriptura, consentire; pessime vero, si ea velis aliis obtrudere, quibus non videntur indubia Sacrae Scripturae dogmata. Et haereticus es, si ob haec quae nec fundamentalia sunt, nec esse possunt, separationem introducas. Non enim credo aliquem

1. Que a heresia é uma separação feita numa comunidade eclesiástica, entre homens de uma mesma religião, por causa de dogmas que não estão contidos na própria regra.

2. Que, junto daqueles que reconhecem somente a Sagrada Escritura como regra da fé, a heresia é a separação feita numa comunidade cristã por causa de dogmas não contidos em palavras expressas na Sagrada Escritura.

Essa separação pode ser feita de dois modos:

1. Quando a parte maior da igreja ou a mais forte, pela proteção do magistrado, separa-se dos outros, excluindo-os e expulsando-os da comunidade, por não quererem professar acreditar em certos dogmas não contidos nas palavras da Escritura. Com efeito, não é o pequeno número dos separados nem a autoridade do magistrado que pode tornar alguém réu por heresia, mas somente é herético quem cinde a igreja em partes por causa de dogmas desse tipo, introduz nomes e sinais distintivos e produz voluntariamente a separação.

2. Quando alguém se separa de uma comunidade eclesiástica porque nela não há profissão pública de alguns dogmas que a Sagrada Escritura não apresenta em palavras expressas.

Destes, ambos são heréticos, porque erram nos fundamentos e erram com obstinação, intencional e conscientemente. Como possuem a Sagrada Escritura como único fundamento da fé e colocam outra coisa como fundamento, a saber, proposições que não são encontradas em lugar algum da Sagrada Escritura; e também porque os outros não querem reconhecer como necessárias e fundamentais e se apoiar nessas crenças adicionais costuradas à Sagrada Escritura, eles fazem secessão, afastando-os de si ou retirando a si mesmos do meio deles. Nem adianta dizer que suas confissões e artigos de fé são condizentes com a Sagrada Escritura e com a analogia da fé.[68] Se, com efeito, estivessem contidos nas palavras da Sagrada Escritura, nenhuma questão poderia haver, porque, no consenso de todos, seriam coisas fundamentais, como todas as semelhantes, porque inspiradas por Deus, mas, se dizes que esses teus artigos, os quais exiges que sejam professados, são corolários da Sagrada Escritura, ages corretamente, se tu próprio acreditas e professas essas coisas que te parecem concordar com a regra da fé, ou seja, a Sagrada Escritura; ages pessimamente, contudo, se quiseres impô-las a outros a quem elas não parecem ser, indubitavelmente, dogmas da Sagrada Escritura. E és herético se, por causa dessas coisas que não são fundamentais,

eo insaniae provectum esse, ut audeat sua consectaria suaque Sacrae Scripturae interpretamenta pro theopneustis venditare, et articulos fidei ad modulum mentemque suam concinnatos authoritati Sacrae Scripturae aequare. Scio aliquas esse propositiones tam evidenter Sacrae Scripturae consonas, ut nemo dubitare possit eas inde sequi; de his igitur nullum fieri potest dissidium. Quod autem tibi videtur legitima deductione e Sacra Scriptura sequi, id tanquam necessarium fidei articulum alteri obtrudere non debes, quia tu ipse regulae fidei consonum credis; nisi tu ipse aequum judicas, ut tibi pari jure aliorum obtrudantur opiniones et tu cogaris admittere et profiteri diversa et inter se pugnantia Lutheranorum, Calvinistarum, Remonstrantium, Anabaptistarum aliarumque sectarum dogmata, quae tanquam necessaria et genuina Sacrae Scripturae consectaria asseclis suis ingerere et depraedicare solent Symbolorum, Systematum et Confessionum artifices. Non possum non mirari inauspicatam illorum arrogantiam, qui ea quae ad salutem sunt necessaria putant se clarius et dilucidius posse tradere, quam Spiritus Sanctus, infinita illa et aeterna sapientia, tradere possit.

Hactenus de haeresi, quae vox secundum communem usum solis dogmatibus tribuitur. Jam de schismate videndum, quod cognatum haeresi vitium est; utraque enim vox mihi videtur significare separationem in communione ecclesiastica temere et de rebus non necessariis factam. Sed cum 'usus, quem penes arbitrium et jus et norma loquendi', obtinuerit, ut haeresis erroribus in fide, schisma in cultu vel disciplina tribueretur, de iis sub ea distinctione hic agendum est.

Schisma igitur ob rationes supra memoratas nihil aliud est quam separatio in ecclesiae communione facta ob aliquod in cultu divino vel disciplina ecclesiastica non necessarium. Nihil in cultu divino vel disciplina ecclesiastica ad communionem Christiano esse potest necessarium, nisi quod disertis verbis jusserit legislator Christus, vel instinctu Spiritus Sancti Apostoli.

Verbo dicam: Qui non negat aliquid quod disertis verbis enuntiant eloquia divina, nec separationem facit ob aliquod quod in sacro textu expresse non continetur, haereticus vel schismaticus esse non potest, quantumvis male audiat apud quasvis Christiani

nem podem ser, introduzires uma separação. Com efeito, não creio que alguém seja impelido por tal insanidade a ousar vender suas conclusões e interpretações da Sagrada Escritura como inspiradas por Deus e igualar os artigos de fé ajustados segundo o modelo de sua mente à autoridade da Sagrada Escritura. Sei que há algumas proposições tão evidentemente condizentes com a Sagrada Escritura que ninguém poderia duvidar que se seguem dela; sobre elas, portanto, não pode haver dissídio. Se, porém, uma proposição te parecer uma legítima dedução que se segue da Sagrada Escritura, tu não deves impor isso aos outros como artigo de fé necessário porque tu mesmo acreditas que seja condizente com a regra de fé, a menos que também julgueis que, por um direito igual, as crenças dos outros sejam impostas a ti e que estarás coagido a admitir e professar os dogmas diferentes e conflitantes entre si dos luteranos, dos calvinistas, dos remonstrantes, dos anabatistas e de outras seitas, os quais os artífices de símbolos, sistemas e confissões costumam introduzir e pregar a seus seguidores como conclusões necessárias e genuínas da Sagrada Escritura. Não posso não me admirar com a inauspiciosa arrogância daqueles que se julgam mais claros e mais lúcidos para poder traduzir as coisas necessárias à salvação do que o Espírito Santo, aquela infinita e eterna sabedoria, poderia traduzir.

Isso basta sobre a heresia, palavra que é atribuída somente aos dogmáticos, segundo o uso comum. Agora é preciso tratar do cisma, que é um vício cognato à heresia: com efeito, uma e outra palavra me parecem significar uma separação numa comunidade eclesiástica feita temerariamente e a partir de coisas não necessárias, mas, como o uso, em cujas mãos estão o arbítrio, o direito e a norma do falar,[69] sustenta que a heresia seja atribuída aos erros da fé, e o cisma, aos do culto ou da disciplina, partamos aqui dessa distinção sobre elas.

O cisma, portanto, pelas razões acima lembradas, não é nada mais que a separação feita na comunidade de uma igreja por causa de algo não necessário no culto divino ou na disciplina eclesiástica. Nada no culto divino ou na disciplina eclesiástica pode ser necessário para uma comunidade cristã, a não ser o que, em palavras expressas, tenha ordenado Cristo, o legislador, ou os apóstolos por inspiração do Espírito Santo.

Direi numa palavra: quem quer que não negue o que a mensagem divina enuncia em palavras expressas nem provoque separação por causa de algo que não esteja contido expressamente no texto sagrado não pode ser herético ou cismático, por mais que o maldigam algumas seitas que

nominis sectas et ab iis, vel aliquibus vel omnibus, tanquam vera religione Christiana destitutus pronuntietur.

Haec ornatius et fusius deduci potuissent, sed tibi adeo perspicaci indicasse sufficiat.

FINIS

se denominam cristãs e que, por algumas ou todas delas, seja proclamado destituído da verdadeira religião cristã.

Essas coisas poderiam ser conduzidas com mais riqueza e em maior detalhe, mas, para alguém perspicaz como tu, basta ter chegado até aqui.

FIM

To the reader

Ao leitor

The ensuing *Letter concerning Toleration*, first printed in Latin this very year in Holland, has already been translated both into Dutch and French. So general and speedy an approbation may, therefore, bespeak its favourable reception in England. I think, indeed, there is no nation under heaven in which so much has already been said upon that subject as ours. But yet, certainly, there is no people that stand in more need of having something further both said and done amongst them, in this point, than we do.

Our government has not only been partial in matters of religion; but those also who have suffered under that partiality, and have therefore endeavoured by their writings to vindicate their own rights and liberties, have for the most part done it upon narrow principles, suited only to the interests of their own sects.

This narrowness of spirit, on all sides, has undoubtedly been the principal occasion of our miseries and confusions. But, whatever have been the occasion, it is now high time to seek for a thorough cure. We have need of more generous remedies than what have yet been made use of, in our distemper. It is neither Declarations of Indulgence, nor Acts of Comprehension, such as have yet been practised or projected amongst us, that can do the work. The first will but palliate, the second increase our evil.

Absolute liberty, just and true liberty, equal and impartial liberty, is the thing that we stand in need of. Now, though this has indeed been much talked of, I doubt it has not been much

A seguinte *Carta sobre a tolerância*, primeiramente impressa em latim neste mesmo ano na Holanda, já foi traduzida tanto para o holandês como para o francês. Uma aprovação tão ampla e rápida pode, portanto, prenunciar sua recepção favorável na Inglaterra. Penso, de fato, que não há nação sob o céu na qual tanto já foi dito sobre esse assunto como a nossa. Contudo, apesar disso, certamente não há povo que se encontre em maior necessidade do que o nosso de ter algo mais sobre esse ponto tanto dito como feito entre seus membros.

Não apenas nosso governo tem sido parcial em questões de religião; mas também aqueles que sofreram sob essa parcialidade e, portanto, buscaram por meio de seus escritos justificar seus próprios direitos e liberdades têm feito isso, na maior parte das vezes, a partir de princípios estreitos, adequados apenas aos interesses de suas próprias seitas.

Essa estreiteza de espírito de todos os lados indubitavelmente tem sido o principal motivo de nossas misérias e confusões. Contudo, qualquer que tenha sido o motivo, agora é urgente buscar uma cura completa. Precisamos de remédios mais fortes do que aqueles de que se tem feito uso em nosso desequilíbrio. Não são nem as Declarações de Indulgência nem as Leis de Compreensão, tais como têm sido praticadas ou projetadas entre nós, que podem fazer esse trabalho. As primeiras nada serão senão paliativos, as segundas incrementarão nosso mal.

Liberdade absoluta, liberdade justa e verdadeira, liberdade igual e imparcial, é disso que nós precisamos. Ora, embora se tenha efetivamente falado muito a esse respeito, duvido que isso não tenha sido mal

understood; I am sure not at all practised, either by our governors towards the people in general, or by any dissenting parties of the people towards one another.

I cannot, therefore, but hope that this Discourse, which treats of that subject, however briefly, yet more exactly than any we have yet seen, demonstrating both the equitableness and practicableness of the thing, will be esteemed highly seasonable by all men that have souls large enough to prefer the true interest of the public before that of a party.

It is for the use of such as are already so spirited, or to inspire that spirit into those that are not, that I have translated it into our language. But the thing itself is so short that it will not bear a longer preface. I leave it, therefore, to the consideration of my countrymen, and heartily wish they may make the use of it that it appears to be designed for.

compreendido; estou seguro de que não foi posto em prática de modo algum, seja por nossos governantes com relação ao povo em geral, seja por quaisquer grupos dissidentes do povo com relação uns aos outros.

Nada posso, portanto, senão esperar que este Discurso, que trata desse assunto, mesmo que de maneira breve, mas ainda assim mais exata do que qualquer um que já tenhamos visto, demonstrando tanto a equidade como a exequibilidade de seu objeto, será considerado altamente oportuno por todos os homens que têm a alma grande o suficiente para preferir o verdadeiro interesse público àquele de um partido.

É para o uso dos que já estão nesse espírito ou para inspirá-lo em quem nele não está que traduzi esse Discurso em nossa língua. Contudo, ele é tão curto que não comportará um prefácio mais longo. Deixo-o, portanto, à análise de meus compatriotas e, de coração, desejo que dele façam o uso para o qual parece ter sido planejado.

Notas

[1] Segundo Le Clerc, em seu *Elogio histórico do finado Sr. Locke*, os criptogramas contêm uma dedicatória de Locke a seu amigo Philip van Limborch: *"Theologiae Apud Remonstrantes Professorem, Tyrannidis Osorem, Limburgium Amstelodamensem"*/ "Ao professor de teologia dos remonstrantes, que odeia a tirania, da família Limborch de Amsterdã", *"Pacis Amico, Persecutionis Osore, Ioanne Lockio Anglo"*/ "Por um amigo da paz que odeia a perseguição, John Locke, inglês".

[2] Essa passagem, *"nedum fidem Christianam profitentes"*, é ambígua no original em razão do sentido de *nedum*, que pode ser lido como "não somente" (opção da maior parte dos tradutores, a começar por Popple), mas também como "quanto mais" (N.T. – F. Fortes). Na *Terceira carta* (ed. 1692, p. 183, *Works*, ed. 1823, v. VI, p. 354), Locke afirma com clareza que o objetivo da *Carta* "é mostrar que é dever dos cristãos tolerar tanto os cristãos como os outros que diferem deles em religião".

[3] *Lucas* 22: 25-26. Na obra *A grande questão sobre as coisas indiferentes no culto religioso* (1660), E. Bagshaw afirma que uma passagem análoga, *Mateus* 20: 25, é usada por muitas pessoas para provar que os discípulos de Cristo não devem exercer o poder temporal.

[4] A primeira edição (de 1689) da tradução de Popple traz aqui uma interpolação de *2 Timóteo* 2: 19, "Que todo aquele que pronuncia o nome de Cristo se afaste da injustiça", que foi retirada da segunda edição (datada de 1690).

[5] *Lucas* 22: 32.

[6] Cf. *Gálatas* 5: 6.

[7] Etimologicamente, os fanáticos (*zelotae*) são as pessoas cheias de zelo (*zelum*).

[8] *Romanos* 1: 29.

[9] Popple omite o "ainda que errônea".

[10] Cf. *Mateus* 11: 29-30.

[11] Cf. *Lucas* 14: 26.

[12] *Gálatas* 5: 19-21.

[13] Cf. *2 Coríntios* 10: 4.

[14] Cf. *Hebreus* 2: 10.

[15] Cf. *Isaías* 9: 6.

[16] Cf. *Efésios* 6: 10-18. Sobre a missão apostólica, cf. *Mateus* 10: 1-25, *Marcos* 6: 6-13, *Lucas* 9: 1-6.

[17] Cf. *Mateus* 26: 52-53.

[18] Ao longo da *Carta*, o termo "príncipe" deve ser entendido como sinônimo de "rei", embora *princeps* no início da Modernidade também pudesse ter a acepção de "filho do rei" e ainda de "imperador".

[19] Tradução de Popple: "[...] para a obtenção, preservação e promoção de seus interesses civis".

[20] Popple traduz esse trecho fazendo uma interpolação (destacada aqui em itálico): "na variedade e contradição de crenças em religião, *nas quais os príncipes do mundo estão tão divididos quanto em seus interesses seculares* [...]".

[21] Cf. *Mateus* 7: 14.

[22] Referência ao embate entre anglicanos e presbiterianos acerca da organização (ou disciplina) eclesiástica: para os anglicanos, era aos bispos que cabia a autoridade; para os presbiterianos, ao presbitério, isto é, ao conselho de presbíteros. Aos olhos de Locke, no entanto, nem o modelo episcopal nem o presbiteral foram determinados por Deus (cf. *Terceira carta*, ed. 1692, p. 84-85, *Works*, ed. 1823, v. VI, p. 240), o que significa, como se lê na *Defesa da não conformidade*, que todas as formas de governo eclesiástico decorrem "de instituição humana" (*Defesa...*, transcrição Stanton, MS p. 128).

[23] Tradicionalmente, essa lei é justificada a partir de *Mateus* 16: 18-19.

[24] *Mateus* 18: 20.

[25] A expressão *conditiones communionis*, traduzida aqui literalmente, não se refere ao ato de comungar ou receber a eucaristia, mas às condições de participação, de associação a uma igreja, sentido a partir do qual Locke contrapõe *communio* a *excommunicatio*, excomunhão. *Communio*, entretanto, também admite a tradução por "comunidade", como fica claro em suas ocorrências no pós-escrito.

[26] Cf. *Atos dos Apóstolos* 19: 23-28.

[27] Por exemplo, *Mateus* 5: 11-12. Na *Terceira carta* (ed. 1692, p. 297, *Works*, ed. 1823, v. VI, p. 485), citando *2 Timóteo* 3: 12, Locke afirma que "o teor do Novo Testamento é: todos que viverem com piedade em Jesus Cristo sofrerão perseguição".

[28] Sobre o direito à legítima defesa, cf. *Segundo tratado sobre o governo*, § 207.

[29] "Injúria" (*injuria*) significa a violação de um "direito" (*jus*). Ao longo da *Carta*, Locke se vale de três termos correlatos para expressar essa mesma noção: além de "injúria", "dano" (*damnum*) e "prejuízo" (*detrimentum*).

[30] Essa passagem, "*justitiae mensura benevolentiae et charitatis officiis cumulanda*", é ambígua no original, pois admite uma inversão na atribuição dos genitivos que resultaria na seguinte leitura: *deve-se acrescentar aos deveres da justiça uma medida de benevolência e*

caridade. Entretanto, semelhante construção seria exemplo de um longo hipérbaton no sintagma *justitiae... officiis*, uma figura não muito comum na prosa do Locke. A tradução adotada soa, por esse motivo, mais natural ao texto (N.T. – F. Fortes).

[31] Os arminianos ou remonstrantes compunham uma vertente do protestantismo que se caracterizava, entre outras coisas, pela recusa da noção de predestinação, cara aos calvinistas, e pela crença de que haveria um conjunto relativamente pequeno de dogmas fundamentais no cristianismo. As designações com que eram identificados derivam do nome do teólogo holandês Jacob Arminius (1560-1609) e de um manifesto composto por seu sucessor, Jean Wtenbogaert (1557-1644), datado de 14 de janeiro de 1610. Os antirremonstrantes são os gomaristas, calvinistas ortodoxos. Em sua tradução, Popple substitui "antirremonstrantes" por "calvinistas".

[32] Afirmar que o domínio se funda na graça significa dizer que a autoridade do governo depende de seu acolhimento da verdadeira religião. Essa crença era partilhada tanto por puritanos como por católicos.

[33] Essas designações se referem a várias igrejas: bispos, à anglicana e católica; sacerdotes, à católica; presbíteros, à presbiteriana; ministros, à calvinista.

[34] Popple omite a referência a *Mateus* 18: 22: "até setenta vezes sete".

[35] Menções a Genebra são referências ao calvinismo; menções aos romanos, aos católicos.

[36] Todos esses exemplos, alguns dos quais alusivos à Igreja Anglicana, como o uso da mitra e da estola branca (em latim, *stola*; em inglês, *surplice*), constituem casos de "coisas indiferentes", noção muito importante a que Locke já fizera referência e que será explicitamente retomada adiante na *Carta*. No debate teológico da época, as "coisas indiferentes" se opunham às necessárias à salvação – ou, numa palavra, ao que seria "essencial" (*summa*) – e designam tudo que não foi nem ordenado nem proibido por Deus (cf. *Ensaios políticos, Segundo opúsculo sobre o governo*, p. 80).

[37] Baal é uma divindade fenícia, cf. *1 Reis* 16: 31-32, *2 Crônicas* 28: 2.

[38] Os socinianos, identificados a partir do nome latinizado do teólogo italiano Fausto Sozzini (1539-1604), caracterizavam-se sobretudo por recusar a crença na Trindade.

[39] Ao falar aqui em "decretos" (*decreta*), Locke alude às diferentes convenções que buscaram estabelecer o compêndio doutrinário da Igreja Anglicana, como a de 1562, que instituiu os célebres XXXIX artigos.

[40] Arianismo é uma heresia que nega a divindade de Cristo e que foi originalmente formulada por Ário no século IV.

[41] Na edição de 1689, lê-se na tradução de Popple: "nossa história inglesa moderna"; na edição de 1690, "a história inglesa". A retificação evita que o autor seja identificado como inglês, o que pode ter sido uma emenda sugerida por Locke.

[42] Respectivamente, Henrique VIII (r. 1509-1547), responsável pela ruptura com a Igreja Católica; Eduardo VI (r. 1547-1553), que manteve o protestantismo; Maria (r. 1553-1558), que buscou restabelecer o catolicismo; e Elizabeth I (r. 1558-1603), que consolidou a Igreja Anglicana.

[43] Cf. *João* 14: 2.

44 Popple traduz *commodum publicum* por "bem público". No parágrafo conclusivo do capítulo "Dos fins da sociedade política e do governo", no *Segundo tratado sobre o governo*, Locke sintetiza a atuação do poder legislativo dizendo que "não deve estar dirigido a outro *fim* senão a *paz*, a *segurança* e o *bem público* do povo" (*Segundo tratado sobre o governo*, § 131).

45 Cf. *Isaías* 1: 12.

46 Normalmente, Locke usa *res indifferentes* para designar as coisas indiferentes, mas às vezes também *res adiaphorae*. Nesta passagem, porém, ocorre outra expressão: *res in medio positae*.

47 Cf. *1 Coríntios* 14: 26, 40.

48 Cf. Virgílio, *Bucólicas*, III.1.

49 Cf. Cícero, *Catilinárias*, I, 2, 4, *pro Milone*, 26, 70; Júlio César, *Guerra Civil*, I, 5.

50 Omissão de Popple: "com efeito, ao contrário [...] nos locais sagrados".

51 Horácio, *Sátiras*, I, 1, 69-70.

52 Cf. *Deuteronômio* 17: 1-7, 4: 15-18, 7: 5.

53 Na *Terceira carta* (ed. 1692, p. 81-82, *Works*, ed. 1823, v. VI, p. 236), Locke recusa nos mesmos termos a referência a *Jó* 31: 26-28 com que Proast buscou justificar a punição à idolatria.

54 Uma distinção desse tipo encontra-se em Tomás de Aquino, que fala em preceitos morais (q. 100), cerimoniais (q. 101-103) e judiciais (q. 104-105) ao discutir a noção de lei e, em particular, ao abordar a lei antiga na *Suma teológica* (primeira seção da segunda parte). Essa questão, no fundo, diz respeito à liberdade cristã, como se vê na interpretação de *Gálatas* 5: 1 feita por Locke ao criticar E. Bagshaw (cf. *Ensaios políticos, Dois opúsculos sobre o governo*, p. 23-25). Na obra *A razoabilidade do cristianismo* (§§ 19-22), Locke distingue lei cerimonial e lei moral a fim de apontar que apenas a lei moral (isto é, apenas parte da Lei de Moisés) tem caráter universal.

55 *Deuteronômio* 5: 1.

56 Cf. *Deuteronômio* 7: 1, *Números* 33: 50-56.

57 Cf. *Deuteronômio* 2: 9.

58 Cf. *Josué* 2: 1-21, 6: 22-25 (para o episódio de Raab) e *Josué* 9: 3-27 (para o dos gabaonitas).

59 Em linhas gerais, essa é a descrição da passagem do estado de natureza para a sociedade civil, cf. *Segundo tratado sobre o governo*, §§ 123-127.

60 Cf. Tácito, *Agrícola*, 30. Ao que parece, trata-se aqui de uma alusão ao direito de rebelião (ou resistência ativa), que Locke retoma na conclusão da *Carta*. Esse tema é abordado abertamente no *Segundo tratado sobre o governo*, em especial no capítulo "Da dissolução do governo".

61 Poucos anos depois da restauração da monarquia ocorrida em 1660 com Carlos II, foi promulgada uma série de leis (que ficou conhecida como Código Clarendon) buscando restabelecer a Igreja Anglicana e restringir o exercício religioso dos dissidentes ou não conformistas. Uma dessas restrições se deu por meio do *Conventicle*

Act de 1664 (reformulado e tornado mais rigoroso em 1670), que proibia que as assembleias religiosas dos dissidentes fossem compostas por mais de cinco pessoas.

[62] Popple traduz esse trecho fazendo uma interpolação (destacada aqui em itálico): "Essas acusações em breve cessariam se a lei da tolerância fosse estabelecida de modo que todas as igrejas fossem obrigadas a colocar a tolerância como fundamento de sua própria liberdade *e a ensinar que a liberdade de consciência é um direito natural de todo homem*, igualmente pertencente aos dissidentes e a elas mesmas".

[63] Cf. Tito Lívio, *História de Roma*, XXXIX, 15, 9; Terêncio, *Eunuco*, I, i, 34.

[64] Omissão de Popple: "Se acaso [...] na praça".

[65] Popple altera a enumeração de Locke para adaptá-la ao contexto inglês: "presbiterianos, independentes, anabatistas, arminianos e *quakers*".

[66] Ovídio, *Metamorfoses*, I, 758.

[67] Na *Terceira carta* (ed. 1692, p. 161, *Works*, ed. 1823, v. VI, p. 328), entretanto, Locke observa que os que "acreditam em todas as coisas necessárias para a salvação e não acrescentam a isso qualquer coisa em doutrina, disciplina e culto incompatível com a salvação são de uma e mesma religião, embora divididos em diferentes sociedades ou igrejas sob diferentes formas".

[68] Cf. *Romanos* 12: 6.

[69] Cf. Horácio, *Arte poética*, 71-72.

Comentários

Flavio Fontenelle Loque

Comentário à *Carta sobre a tolerância* de John Locke

Dedicatória

Ao ilustre senhor...

Locke abre a *Carta sobre a tolerância*, publicada anonimamente, dirigindo-se a um destinatário que também não é nomeado. Ao longo do texto, não há nenhum indício que permita identificá-los, mas no frontispício da edição original encontram-se dois criptogramas cuja decifração oferece a chave para descobrir tanto a quem a *Carta* se destinava como quem a redigira. As edições londrinas com a tradução de Popple os omitiram, mas a *Epistola de Tolerantia* publicada em Gouda, Holanda, em abril de 1689, continha a seguinte referência: "Ao Ilustre Senhor T.A.R.P.T.O.L.A., escrita por P.A.P.O.I.L.A.". O sentido dessas duas siglas enigmáticas foi exposto por Jean Le Clerc (1657-1736), amigo de Locke e tradutor da *Carta* para o francês, com a publicação, em 1705, do *Elogio histórico do finado Sr. Locke*.

A primeira delas, correspondente ao destinatário, significaria *Theologiae Apud Remonstrantes Professorem, Tyrannidis Osorem, Limburgium Amstelodamensem*, isto é, "ao professor de teologia dos remonstrantes, que odeia a tirania, da família Limborch de Amsterdã". O professor de teologia é Philip van Limborch (1633-1712), que, tendo conhecido Locke em janeiro de 1684 numa reunião promovida pelo Collegium Privatum Medicum para dissecação de uma leoa, acabou por se tornar seu amigo íntimo e, posteriormente, o responsável pela publicação da *Carta* em Gouda. A comunidade dos remonstrantes, da qual Locke se

aproximou em seu exílio na Holanda, caracterizava-se pela recusa da doutrina calvinista da predestinação e pela defesa de uma interpretação latitudinária do cristianismo que valorizava a moral em detrimento das disputas teológicas abstratas; seu maior representante talvez tenha sido Simon Episcopius (1583-1643), mas seus membros eram chamados de arminianos em alusão a seu fundador, Jacobus Arminius (1550-1609).

Acerca da decifração da sigla referente ao destinatário, no entanto, há uma variante apresentada pelo próprio Limborch em carta a Lady Masham datada de 24 de março de 1705. Segundo ele, as letras L. A. significariam *Libertatem Amantem*, "amante da liberdade". Nessa versão, o patronímico desaparece, mas isso não inviabiliza a hipótese – jamais questionada, aliás – sobre o destinatário. Na mesma carta a Lady Masham em que apresenta o significado da sigla, Limborch admite que a *Carta* fora dirigida a ele.

Já a segunda sigla, que diz respeito ao remetente, teria o seguinte sentido: *Pacis Amico, Persecutionis Osore, Ioanne Lockio Anglo*, ou seja, "por um amigo da paz que odeia a perseguição, John Locke, inglês". Nesse caso, havendo a menção do nome e do sobrenome, a identificação é claríssima.

Entretanto, em razão da obscuridade dos criptogramas, logo depois de a *Carta* ser publicada houve muitas especulações acerca de sua autoria, que chegou a ser atribuída a diferentes pessoas. Na primavera europeia de 1690, Limborch revelou o segredo a Pieter Guenellon (1650-1722), também próximo de Locke na Holanda, mas seu amigo desde que vivera na França, e justificou-se dizendo ter ouvido falar que já se sabia de sua autoria na Inglaterra. Em agosto do mesmo ano, outro amigo de Locke, James Tyrrell (1642-1718), escreveu-lhe dizendo de um rumor semelhante em Oxford. Ainda assim, Locke não assumiu a autoria, o que se percebe no debate que travou com Proast: além de sempre ter se referido ao autor da *Epistola de Tolerantia* em terceira pessoa, as cartas subsequentes foram assinadas com um pseudônimo, Filantropo, à exceção da última delas, a quarta, que ficou inconclusa. Apenas cerca de um mês antes de sua morte, no codicilo a seu testamento, por meio do qual doou à biblioteca de Oxford seus escritos publicados pseudonímica ou anonimamente, Locke reconheceu a autoria da *Carta* e também das outras cartas em resposta a Proast (além da autoria dos *Dois tratados sobre o governo* e de *A razoabilidade do cristianismo*).

1ª Seção: Preâmbulo

Já que perguntaste o que eu considero sobre a tolerância mútua entre cristãos...

A pergunta a que Locke se sente chamado a responder, como se pode notar logo na primeira frase da *Carta*, diz respeito à tolerância mútua entre cristãos. Noutras passagens, haverá menções aos judeus, muçulmanos e pagãos, mas seu interesse central é pensar a relação entre os cristãos, pois eram as perseguições entre eles próprios que geravam as instabilidades políticas e sociais na Inglaterra (e também noutros países, como a França). Posicionando-se acerca da tolerância, Locke afirma abertamente: ela é a marca de *uma* verdadeira igreja, o que significa dizer que só é possível que uma igreja seja verdadeira se for tolerante.

O artigo indefinido deve aqui ser ressaltado, porque representa uma diferença conceitual importante quando se compara o original latino às traduções seiscentistas e a muitas das contemporâneas. A língua latina não possui nem o artigo definido nem o indefinido, e, por essa razão, os tradutores devem optar por introduzi-lo (*a*, como fizeram Popple para o inglês e Le Clerc para o francês) ou adotar o indefinido (nesse caso, *uma*). Tudo depende do contexto e da interpretação. O latim traz simplesmente *tolerantia... praecipuum verae ecclesiae criterium*, o caso genitivo permitindo que se prescinda inclusive da preposição. O problema é que as duas alternativas de tradução têm implicações conceituais muito distintas: ao contrário do artigo definido, o indefinido abre a possibilidade de que existam diferentes igrejas verdadeiras. Comparem-se as alternativas: "o sinal... d*a* verdadeira igreja" ou "o sinal... de *uma* verdadeira igreja".

Tomando a *Carta* como um todo, parece mais adequado considerar que Locke aceita a possibilidade de haver diferentes igrejas verdadeiras. Caso se assuma a tradução originalmente proposta por Popple e Le Clerc, seria preciso concluir que há apenas uma igreja verdadeira, o que constitui uma tese muito forte, normalmente sustentada pelos intolerantes – cada um dos quais, no entanto, crendo que a sua própria seja a única verdadeira e julgando todas as outras como falsas. São os intolerantes que tendem a afirmar que existe somente uma igreja verdadeira (a deles, claro!) e a defender, além disso, que é possível conhecê-la. Essa, contudo, não parece ser a posição de Locke, em especial quando se tem em mente o debate que travou com Proast. Em contraste com os intolerantes, Locke sustenta abertamente que "cada um é ortodoxo para si mesmo", colocando em xeque as noções de ortodoxia e heterodoxia e, por conseguinte, a ideia

de que haveria um meio de identificar a igreja que, pretensamente, seria a única a deter as crenças e os cultos corretos.

A julgar ainda por outras obras de Locke, como *A razoabilidade do cristianismo*, ele não tem dúvidas de que o cristianismo seja a religião verdadeira. Na *Segunda carta sobre a tolerância*, dirigindo-se diretamente a Proast, Locke afirma com todas as letras: "a verdadeira religião e a religião cristã são, suponho eu, para você e para mim, a mesma coisa" (ed. 1690, p. 2, *Works*, ed. 1823, v. VI, p. 63). Todavia, isso não significa que não possam existir diferentes igrejas verdadeiras dentro do universo cristão. Há que se distinguir os dois pontos em jogo aqui: religião e igreja. A admissão de que o cristianismo é a religião verdadeira não implica que haja apenas uma igreja verdadeira. Se a tolerância é o critério precípuo de distinção entre elas, parece natural admitir que muitas possam satisfazê-lo. Além disso, sustentar, como faz Locke, que o cristianismo é a religião verdadeira não implica que isso possa ser *demonstrado*. Não se pode ter *conhecimento* a esse respeito, apenas *fé, crença* ou *opinião*, conceitos que são desenvolvidos no *Ensaio sobre o entendimento humano*, em especial no livro IV, e que reaparecem no debate com Proast, notadamente na *Terceira carta*. Se não se pode estar certo nem da verdade do cristianismo, é possível imaginar que se possa estabelecer com certeza qual seria *a* verdadeira igreja?

Seja como for, no preâmbulo da *Carta*, o interesse maior de Locke é mostrar, num tom claramente anticlerical, que o esforço para fazer com que uma igreja sobressaia às outras revela um desejo de domínio e poder que não é compatível com a mensagem de Cristo. Baseando-se em passagens do Novo Testamento, especialmente em *Romanos* 1 e *Gálatas* 5, Locke defende que o cristianismo é uma religião de caridade e mansidão, de virtude e amor; que Cristo é o Príncipe da Paz. Sendo assim, como admitir que alguém que persegue, tortura e mata em nome da religião seja um verdadeiro cristão? E, ademais, como considerar o intolerante um verdadeiro cristão, se coage os outros, mas descura da própria virtude e da virtude dos que lhe são próximos? Por que tamanha preocupação em impor um culto, determinar um artigo de fé, quando se está cheio de vícios? O essencial é voltar-se para si mesmo, purificar-se dos próprios vícios, em vez de ficar apontando a trave no olho dos outros. Se há uma "ortodoxia salvadora", expressão usada por Locke no manuscrito *Erro*, de 1698, ela se encontra no "propósito sincero e resoluto de uma boa vida" (*Ensaios políticos, Erro*, p. 433). O que importa é sempre e

necessariamente a sinceridade da crença e da busca da correção moral na própria conduta, de modo que se deve ter profundas suspeitas acerca do interesse dos intolerantes: caso estivessem realmente preocupados com a salvação, a de si mesmos e a dos outros, eles cuidariam muito mais de aplacar os vícios e fazer florescer a virtude do que de impor crenças e cultos. Qualquer dissidência consciente, ainda que errônea, desde que acompanhada de uma vida inocente, é menos prejudicial à religião do que a vida viciosa de alguém que, supostamente, professa as crenças e realiza os cultos corretos.

Essa compreensão do cristianismo minimiza a relevância das disputas tanto de doutrina como de ritual, fazendo com que a ênfase seja posta na imitação do próprio Cristo, que jamais perseguiu ninguém e que pediu a seus discípulos diretos que buscassem converter por meio de uma conduta exemplar e das lições evangélicas, nunca por meio da força. Num manuscrito datado de 1688, cerca de três anos posterior à redação da *Carta*, Locke assume essa mesma posição, relacionando-a ainda ao problema da unidade dos cristãos e reconhecendo a impossibilidade de evitar a diferença entre opiniões:

> Nada é tão oposto ou se mostrou tão fatal à unidade, amor e caridade, primeiros e grandes deveres característicos do cristianismo, quanto o apego às próprias opiniões e os esforços de instituí-las e vê-las sendo seguidas, em vez do Evangelho da paz. Para prevenir essas sementes de dissensão e divisão, e manter a unidade na diferença de opiniões que sabemos impossível de evitar, se alguém se mostrar contencioso, transbordante de sua própria interpretação, e não de amor, e desejoso de atrair seguidores para si, com destruição ou oposição a outros, julgamos que não aprendeu Cristo como deveria e, portanto, não é adequado para ser professor de outros (*Ensaios políticos*, *Cristãos pacíficos*, § 8, p. 380).

Numa época beligerante como o século XVII, essa compreensão do cristianismo como religião de paz e tolerância era ao mesmo tempo ousada e conciliadora. Pode-se dizer ainda que ela se constitui num primeiro argumento a favor da tolerância, mas num argumento limitado, uma vez que só poderia ser aceito por quem possuísse a crença na Sagrada Escritura. Fundamentado em passagens bíblicas, esse argumento está especialmente voltado para os cristãos e poderia, ao menos potencialmente, ser aceito por todos eles, não fossem as diferenças de interpretação a que

Locke se exime de aludir. A intolerância também pode ser sustentada com base na Sagrada Escritura e efetivamente o foi – ao menos desde Agostinho – por meio de passagens como a parábola do banquete, tal como relatada por Lucas (*Lc* 14:15-24): a expressão "obriga a entrar" (*Lc* 14:23) é a divisa dos que defendem a perseguição, subentendendo-se por meio dela que os dissidentes devem ser forçados a adentrar a igreja (por analogia aos convidados compelidos a participar do festim).

Por causa disso, talvez reconhecendo a impossibilidade de se justificar a tolerância apenas a partir do texto bíblico, Locke afirma, no final do preâmbulo, que ela está de acordo não apenas com o Evangelho (a rigor, com uma das possíveis interpretações do Evangelho), mas também com a razão. Noutras palavras, Locke considera que é possível defender a tolerância não somente com base na incompatibilidade entre coerção e caridade cristã, mas ainda com base na razão, faculdade que todos os seres humanos compartilham e que, assim, pode dar origem a argumentos aceitos universalmente.

2ª Seção: Estado

O Estado me parece ser uma sociedade de homens constituída...

A definição de Estado é central no pensamento de Locke. Na *Carta*, ela é feita sucintamente, mas decorre de um raciocínio importante que convém explicitar. Antes disso, todavia, cabe dizer que a opção por "Estado" para traduzir *respublica* não é a mais usual em língua portuguesa, mas se justifica em razão da necessidade de evidenciar a contraposição desse conceito ao de Igreja. Como se verá adiante, o que está em jogo é a tentativa de delimitar as funções do Estado e da Igreja. No relevante manuscrito *Excomunhão*, também chamado de *Poder civil e eclesiástico*, datado de 1674, Locke apresenta sua posição dispondo em colunas paralelas os atributos de cada um desses poderes e denominando-os "sociedade civil ou Estado" e "sociedade religiosa ou Igreja" (*Ensaios políticos, Poder civil e eclesiástico*, p. 267). Dessa perspectiva, a tradução de *respublica* por "comunidade" (por intermédio do termo inglês *commonwealth*), embora tecnicamente correta (cf. *Segundo tratado sobre o governo*, § 133), parece não dar ênfase suficiente à contraposição que Locke pretende elaborar, dados o sentido e as conotações de "comunidade" em língua portuguesa. Le Clerc talvez tenha tido a mesma dificuldade no que se refere ao francês, já que optou por *État*. Ainda nesse mesmo sentido, cabe lembrar

que o termo "república" às vezes é usado para designar uma forma de governo contraposta à monarquia, como se deu na Inglaterra logo depois do regicídio de Carlos I, em 1649. O objetivo de Locke, porém, é tão somente expor a finalidade do Estado, sem entrar no mérito relativo à forma de governo.

Nos *Dois tratados sobre o governo*, Locke expõe pormenorizadamente sua compreensão do surgimento da sociedade civil e da legitimidade do poder estatal. No *Segundo tratado sobre o governo*, encontram-se os detalhes de sua compreensão, calcada no conceito de estado de natureza. Locke imagina uma situação em que inexiste o Estado com suas leis, juízes e punições e na qual os indivíduos vivem no chamado estado de natureza, sujeitos apenas à lei da natureza. Nessa situação, os indivíduos têm liberdade para agir e estão igualmente aptos a punir quem transgride a lei da natureza. Afinal, não havendo Estado, quem mais poderia ter o direito de punir os infratores senão as próprias vítimas? Acontece que essa igualdade e liberdade, somadas à ausência de um poder comum, inevitavelmente geram instabilidade e medo. O estado de natureza representa uma condição de vida instável: em primeiro lugar, porque nem todos respeitam a lei da natureza; em segundo, porque as punições, sendo feitas pelas próprias vítimas, tendem a ser injustas, gerando um ciclo infinito de revides. Quem haveria de querer viver nessa condição, que Locke passa a definir como estado de guerra?

Ninguém, deve-se reconhecer. Como consequência, da precariedade dessa condição de vida advém a necessidade de sair do estado de natureza. Como outros autores ditos contratualistas, Locke considera que o caminho para isso é estabelecer um acordo entre todos os indivíduos. A saída desse estado se dá, pois, por meio de um pacto resultante do consentimento de cada um dos indivíduos para formar a sociedade civil, constituindo um poder comum – o Estado –, que terá a tarefa de criar leis e estabelecer juízes para assegurar sua execução. Eis as palavras do próprio Locke:

> Se o homem no estado de natureza é livre como se disse, se é senhor absoluto de sua própria pessoa e suas próprias posses, igual ao mais eminente dos homens e a ninguém submetido, por que haveria ele de se desfazer dessa liberdade? Por que haveria de renunciar a esse império e submeter-se ao domínio e ao controle de qualquer outro poder? A resposta evidente é a de que, embora tivesse tal direito no estado de natureza, seu exercício é bastante incerto e está constantemente

exposto à violação por parte dos outros, pois, sendo todos reis na mesma proporção que ele, cada homem um igual seu, e por não serem eles, em sua maioria, estritos observadores da equidade e da justiça, o usufruto que lhe cabe da propriedade é bastante incerto e inseguro. Tais circunstâncias o fazem querer abdicar dessa condição, a qual, conquanto livre, é repleta de temores e de perigos constantes. E não é sem razão que ele procura e almeja reunir-se em sociedade com outros que já se encontram reunidos ou projetam unir-se para a *mútua* conservação de suas vidas, liberdades e bens, aos quais atribuo o nome genérico de *propriedade* (*Segundo tratado sobre o governo*, § 123).

Deve-se entender, portanto, que todos aqueles que abandonam o estado de natureza para se unirem a uma *comunidade* [*community*] abdicam, em favor da *maioria* da comunidade, a todo o poder necessário aos fins pelos quais eles se uniram à sociedade [...]. E isso ocorre simplesmente pela concordância em *unir-se em uma sociedade política, em que consiste todo pacto* existente, ou que deve existir, entre os indivíduos que ingressam num *Estado* [*commonwealth*] ou o formam. Por conseguinte, o que inicia e de fato *constitui qualquer sociedade política* não passa do consentimento de qualquer número de homens livres capazes de uma maioria no sentido de se unirem e incorporarem a uma tal sociedade. E é isso, e apenas isso, que dá ou pode dar *origem* a qualquer *governo legítimo* no mundo (*Segundo tratado sobre o governo*, § 99).

Em suma, Locke afirma que, a fim de deixarem o estado de natureza, os indivíduos estabelecem um pacto e consentem em formar a sociedade civil, criando um governo. Resta saber, todavia, quais são exatamente as atribuições desse governo, pois ele será legítimo apenas se a elas se ativer. Como, portanto, saber que atribuições são essas? Locke pensa que elas são determinadas pelos *fins* em razão dos quais os indivíduos se uniram. E que fins são esses, afinal? A resposta encontra-se no § 123 do *Segundo tratado sobre o governo*, citado há pouco: os indivíduos se unem em sociedade "para a *mútua* conservação de suas vidas, liberdades e bens". O raciocínio de Locke se desdobra assim em dois estágios que convém perceber com clareza: (1º) tendo formado a sociedade civil por um acordo voluntário, (2º) os indivíduos então confiam ao poder constituído o encargo de conservar suas vidas, liberdades e bens. No *Ensaio sobre a tolerância*, Locke sintetiza sua posição num parágrafo lapidar:

Toda a confiança, todo o poder e toda a autoridade do magistrado são nele investidos com o único propósito de serem empregados

para o bem, a preservação e a paz dos homens na sociedade da qual ele se incumbe e, portanto, só isso é e deve ser o padrão e a medida de acordo com os quais ele deve regular e ajustar suas leis, moldar e estruturar seu governo, pois, se os homens pudessem viver juntos em paz e tranquilidade sem se unirem sob certas leis e ingressarem num Estado, não haveria nenhuma necessidade de magistrados ou políticas, que são criados apenas para preservar os homens, neste mundo, da fraude e da violência mútuas; por isso, a única medida de seu procedimento deveria ser a finalidade pela qual se erige o governo (*Ensaios políticos, Ensaio sobre a tolerância*, p. 167-168).

Feita essa exposição, é possível agora voltar à *Carta* e compreender a seção dedicada ao Estado em toda sua amplitude. Há dois pontos a destacar:

(a) Ao definir o Estado como "uma sociedade de homens constituída unicamente para preservar e promover os seus bens civis" e explicar que os bens civis são "a vida, a liberdade, a integridade do corpo e a ausência de dor, bem como a posse de coisas externas", Locke está pressupondo a passagem do estado de natureza para a sociedade civil. Sua ênfase recai sobre a finalidade do Estado, porque é isso que lhe permite delimitar a jurisdição do magistrado, a qual deve dizer respeito *unicamente, somente* aos bens civis, *de nenhum modo* à salvação das almas.

(b) Depois de deixar clara qual é a finalidade do Estado e, assim, definir a jurisdição do magistrado, Locke explica qual é o seu dever: impor leis a todos igualmente, o que significa, ao mesmo tempo, que as leis não devem favorecer ninguém (ser imparciais) e que devem ser aplicadas a qualquer um sem distinção (ser uniformes). Locke sabe que nem todas as pessoas seguirão as leis, e por isso o magistrado pode se valer da força: na passagem do estado de natureza para a sociedade civil, os indivíduos consentem em transferir ao Estado tanto o direito de formular as leis como o de aplicá-las. É isso que significa dizer que o Estado detém o uso legítimo da força. Por fim, vale repetir: dentro de sua jurisdição, isto é, para zelar pelos bens civis, o magistrado pode e deve se valer da força sempre que preciso, seja reprimindo os possíveis infratores com a ameaça de punição, seja castigando quem efetivamente violou as leis, a fim de assegurar a reparação à vítima e de evitar que novas violações ocorram.

Essa seção da *Carta*, como se vê, inicia-se com uma exposição muito relevante: (a) a finalidade do Estado e, consequentemente, a jurisdição

do magistrado, e (b) a explicação de como o magistrado atua no seu campo de jurisdição. Logo em seguida, Locke apresenta três argumentos para provar por que o magistrado não deve cuidar da salvação das almas. Dito de outro modo, Locke formulou uma tese acerca do Estado – tese segundo a qual os fins do Estado não devem abarcar o cuidado com as almas – e agora passa a apresentar os argumentos para sustentá-la.

Primeiramente, porque ao magistrado civil não foi confiado, mais do que a outros homens, o cuidado com as almas.

O primeiro argumento de Locke a fim de comprovar os limites da jurisdição do magistrado pretende mostrar que cabe a cada indivíduo a responsabilidade por sua própria salvação, e que essa responsabilidade não foi – nem pode ser – transmitida a ninguém. Esse argumento, que pode ser chamado de argumento do encargo, está dividido em duas partes:

(a) A responsabilidade pela salvação das almas não foi confiada ao magistrado civil por Deus. Nesse trecho, diferentemente do que fizera no preâmbulo da *Carta*, Locke não cita nenhum versículo bíblico para sustentar sua interpretação, limitando-se a dizer que, ao que parece, em nenhum lugar Deus concedeu essa autoridade a uma pessoa mais do que a outras. De sua perspectiva, caso Deus tivesse encarregado o magistrado com o cuidado das almas, esse encargo deveria estar claramente expresso nas Escrituras.

(b) A responsabilidade pela salvação das almas não foi confiada ao magistrado civil pelos indivíduos. Aqui, Locke parece pressupor que, quando é selado o pacto que dá origem à sociedade civil, não se atribui ao magistrado a função de cuidar da salvação das almas. Cabe ao magistrado somente zelar pelos bens civis, jamais pela religião dos indivíduos, o que também se pode concluir a partir do *Segundo tratado sobre o governo*, em especial do § 123 citado anteriormente. De acordo com Locke, há uma razão para que esse direito não seja cedido ao magistrado: não se pode acreditar por ditame. A fé só tem valor se decorre de uma convicção interior, o que a força nunca pode produzir. Se essa é a natureza da fé, se esse é, portanto, o caminho para a salvação, que sentido pode haver em o magistrado envolver-se em questões religiosas?

Sendo assim, o primeiro argumento de Locke a fim de delimitar a jurisdição do magistrado civil pode ser resumido do seguinte modo: nem Deus nem os indivíduos confiaram ao magistrado o cuidado com a salvação das almas. Mais adiante na *Carta*, Locke retomará o segundo

ponto apresentado nesse primeiro argumento e lhe acrescentará elementos que não aparecem aqui, notadamente o seguinte: nas questões de religião, o magistrado está tão sujeito ao erro quanto qualquer outro indivíduo, o que constitui uma razão suplementar para que não lhe seja confiado o direito de cuidar da salvação das almas.

Em segundo lugar, o cuidado das almas não pode pertencer ao magistrado civil, porque todo seu poder consiste na coerção.

Esse é o argumento mais célebre da *Carta*, apesar de não ser original (ele se encontra, por exemplo, na *Utopia*, de Thomas More, na seção do segundo livro em que se aborda a religião dos utopienses). Seu ponto de partida é a afirmação referente à fé que já está presente no argumento do encargo apresentado no parágrafo anterior. Para Locke, como também para seus interlocutores cristãos, tanto tolerantes como intolerantes, a salvação depende da "fé interior da alma". Noutras palavras, a salvação depende de uma crença sincera, ancorada na interioridade de cada pessoa, e não de uma crença da boca para fora, por assim dizer. Não adianta apenas falar – *eu acredito!* ou *eu tenho fé!* – e agir exteriormente como se acreditasse, seguindo a liturgia como um ator que representa um papel e descurando da correção moral. É preciso estar convicto da fé, crer firmemente em sua verdade e no culto correspondente, assim como buscar agir virtuosamente. Partindo dessa compreensão da crença religiosa, Locke então argumenta que a coerção é inútil e, além disso, contraproducente. Ela é inútil porque se propõe como objetivo algo que não pode alcançar; é contraproducente porque gera hipócritas, não crentes. A explicação é simples: o entendimento não muda de acordo com a força exterior, com a dor corpórea ou com a ameaça de penalidades. Por exemplo: quem acredita que Deus criou o universo deixaria de acreditar porque foi coagido? O entendimento humano não é movido pela força, mas pelo esclarecimento. O único meio de tocá-lo é recorrer ao que Locke chama de persuasão, isto é, à argumentação em sentido amplo (demonstrações, provas, informações históricas) e a conselhos e exortações.

É bem verdade, no entanto, que o magistrado pode se valer da persuasão a fim de salvar as almas, mas, quando age desse modo, ele se vale dos meios disponíveis a qualquer outra pessoa. Agindo dessa forma, ele não atua como magistrado (cujo meio próprio de atuação é a força), mas como um indivíduo qualquer (que só possui o discurso para

convencer os outros). É o seu lado humano que está em jogo, por assim dizer. Instrumento característico do magistrado enquanto magistrado, a força deve ser usada apenas nos casos permitidos pelo pacto que criou a sociedade civil, o que não inclui a salvação das almas, já que a coerção não pode promover a conversão. Não se trata, por conseguinte, nem de desautorizar o uso da força nos casos em que esse uso é legítimo nem de negar ao magistrado a possibilidade, como qualquer outra pessoa, de recorrer ao discurso para convencer seu semelhante. Argumentos, conselhos, exortações não são coercitivos e, por isso, podem ser empregados por qualquer um. Esse é o motivo pelo qual Locke marca a oposição entre persuadir e ordenar, entre argumentos e decretos; em suma, entre a razão e a força. A força é imprescindível para que as leis civis sejam respeitadas, o que faz com que seu uso nessa jurisdição – a preservação e promoção dos bens civis – seja aceitável e necessário. Por outro lado, porém, a salvação da alma requer uma convicção íntima que ela jamais pode produzir. O uso da força com o intuito de salvar as almas é irracional, portanto. A coerção em assuntos religiosos é injustificável.

Em terceiro lugar, o cuidado com a salvação das almas não pode, de modo algum, pertencer ao magistrado civil, porque, mesmo considerando que a autoridade das leis...

Eis aqui o terceiro argumento de Locke para justificar por que as ações do magistrado civil não podem se estender à salvação das almas. Trata-se de um raciocínio que começa com uma concessão: ao contrário do que o argumento anterior demonstrou, deve-se supor que a coerção seria capaz de converter os espíritos e que, por isso, o cuidado com a salvação poderia pertencer ao magistrado. Nesse caso, o poder civil deveria utilizá-la? A resposta é negativa e se fundamenta numa redução ao absurdo, cuja estrutura convém expor detalhadamente, já que o texto de Locke, nessa passagem, é denso e difícil:

Premissa 1: A força é eficaz para converter o entendimento e, por isso, o cuidado com as almas pertence ao magistrado.

Premissa 2: Há apenas uma religião verdadeira.

Premissa 3: Os príncipes dos diferentes países têm religiões diferentes.

Conclusão: A salvação da alma dependerá do acaso de se ter nascido no lugar certo, e, assim, poucas pessoas conseguirão alcançá-la, o que implica uma concepção inadequada de Deus.

Para entender o argumento, é preciso perceber o seguinte:

(a) As três premissas são de natureza bastante diferente. A premissa 1 é a que Locke concedeu e na qual ele não acredita; essa é justamente a premissa cuja falsidade se quer demonstrar. A premissa 2 é apresentada como uma hipótese que Locke não assume expressamente, mas que admite na *Segunda* e *Terceira carta* e que seus interlocutores (notadamente os intolerantes) creem ser verdadeira. A premissa 3 é uma constatação factual impossível de ser negada.

(b) O argumento de Locke é válido. Embora os vários príncipes tenham religiões diferentes, cada um deles acredita que a *sua* é a verdadeira, e, assim, caso possam fazer com que os magistrados as imponham pela força, não há como negar que cada um deles faria com que se impusesse a religião em que acredita. Por conseguinte, várias religiões diferentes seriam impostas em cada um dos diversos países do mundo. O ponto central aqui é o que se pode chamar de reciprocidade: assumindo-se que a posse da verdade autoriza o uso da força em assuntos religiosos, como cada um crê possuir a verdadeira religião (não fosse assim, passaria a acreditar em outra), todos teriam o direito de impô-la. Como dito noutras passagens da *Carta*, cada um é ortodoxo para si mesmo. No entanto, se o uso da força em questões religiosas for admitido, diferentes religiões serão impostas coercitivamente, a depender do país em que se estiver, e, se existe apenas uma religião verdadeira, o resultado disso é que seriam salvas apenas as pessoas que tivessem tido a sorte de nascer no país cujo príncipe a professasse. Todas as outras pessoas seriam forçadas a acreditar numa religião falsa. Fazer com que a salvação da alma dependa, em última instância, do local de nascimento é claramente uma conclusão inaceitável, tanto mais porque redunda numa concepção inadequada de Deus. É inconcebível que Deus dê somente a poucas pessoas a chance de se salvar e, mais do que isso, que faça a salvação depender de algo aleatório.

(c) Locke parte de premissas aceitas por seus interlocutores e demonstra que delas decorre algo sem sentido, algo com que ninguém concorda. Mais precisamente, assume-se numa das premissas, nesse caso a primeira, o contrário daquilo que se pretende sustentar para dela se extrair algo inaceitável. É por isso que esse terceiro argumento se enquadra na categoria lógica de redução ao absurdo. Se a conclusão não pode ser aceita (dado que absurda) e o argumento é válido, só há um modo de evitá-la: recusar uma ou mais das três premissas. Dado que se pretendia provar que a coerção não deve ser empregada pelo magistrado

com o objetivo de impor uma religião e que, além disso, as outras duas premissas são uma plausível (a título de hipótese) e a outra verdadeira (uma constatação factual inegável, como já dito), é claro então que é a premissa 1 que deve ser recusada. Por conseguinte, recusando essa premissa, Locke prova o que queria: a ação do magistrado não pode se estender à salvação das almas.

(d) Por fim, convém analisar um pouco mais detalhadamente a premissa 3. Ela é uma verdade factual inegável, mas dela os intolerantes não extraem a consequência de que todos os príncipes poderiam impor suas próprias religiões. Para Locke, entretanto, é inevitável que todos os príncipes acabem impondo suas religiões, caso o magistrado tenha o encargo de cuidar da salvação das almas. Isso ocorre porque cada um deles *crê* que sua religião seja verdadeira. Para Locke, é impossível *conhecer* a verdadeira religião, e, por isso, resta a cada um apenas *acreditar* que a sua é a verdadeira. O raciocínio dos intolerantes pressupõe que seria possível conhecer a verdadeira religião e que apenas quem a conhece poderia impô-la. Da perspectiva de Locke, porém, em questões religiosas (com exceção da existência de Deus), é impossível haver demonstração, o que implica uma diferença radical entre crença e conhecimento. Sendo assim, se aos magistrados competir o encargo de cuidar das almas, eles só poderão se guiar por suas próprias crenças, que são irredutivelmente diferentes. Na *Carta*, Locke não apresenta abertamente a distinção entre crença e conhecimento, embora ela esteja implícita em sua argumentação. É no *Ensaio sobre o entendimento humano*, em particular no livro IV, que ela é explicitada, mas Locke também lhe dedica passagens importantes da *Terceira carta*, como dito anteriormente.

3ª Seção: Igreja

Agora, vejamos o que é a igreja. A igreja parece-me ser uma sociedade livre de homens que se reúnem espontaneamente...

O caráter distintivo da igreja é ser uma sociedade livre e voluntária de indivíduos que se reúnem para cultuar a Deus publicamente da maneira que julgam mais adequada a fim de obter a salvação da alma. Note-se que Locke não define igreja recorrendo à noção de verdade: na formação de uma sociedade religiosa, importa apenas que seus membros considerem possuí-la, o que implica, em termos práticos, a admissão da existência de diferentes igrejas. Contudo, afora a busca

pela vida eterna, que é a finalidade desse tipo de sociedade e o motivo de sua existência, há ainda outros elementos a destacar na definição apresentada por Locke.

Em primeiro lugar, as noções de liberdade e espontaneidade. A sociedade é dita livre porque não está submetida a nenhuma instância superior, isto é, a nenhum poder secular. Além disso, convém ressaltar que não apenas a sociedade religiosa é livre, mas os indivíduos que a formam também o são. Ninguém nasce vinculado a nenhuma igreja, mesmo que seus pais e toda a ascendência familiar pertençam a uma. A adesão dos genitores a uma comunidade eclesiástica não se estende à prole, que tem autonomia para decidir a qual irá aderir. A escolha por esta ou aquela igreja (no caso dos adultos, claro) se faz, portanto, de modo voluntário ou espontâneo, regida unicamente pela esperança de nela encontrar a salvação da alma por meio de um culto aceito por Deus. Eis aqui, aliás, um segundo elemento a destacar na definição de igreja: há que se oferecer um culto que seja aceito por Deus ou, como Locke também diz, que lhe seja agradável. Em razão disso, se a partir de um determinado momento um indivíduo julgar que a igreja que escolhera não mais atende a suas esperanças, já que o culto por ela oferecido não seria aceito por Deus, ele pode valer-se de sua liberdade para deixá-la e adentrar outra. Dado que a finalidade é oferecer a Deus um culto que lhe seja agradável, sempre que, aos olhos de alguém, isso não ocorrer, essa pessoa pode perfeitamente procurar uma igreja que contemple suas expectativas. Por fim, o terceiro e último elemento a destacar: o culto deve ser feito publicamente. Para Locke, a relação entre os indivíduos e Deus não se limita ao foro interior, ao íntimo da alma. A religiosidade se expressa não somente como adesão a determinadas crenças (uma dimensão interior ou privada, por assim dizer), mas também sob a forma de ações e comportamentos (necessariamente exteriores). É nesse sentido que se pode dizer que a religiosidade possui uma dimensão pública, que se manifesta sob a forma de ritos e cerimônias nas assembleias eclesiásticas, mas também sob a forma de condutas a serem adotadas ou rejeitadas na vida cotidiana (na família, no trabalho, etc.) em conformidade com as crenças religiosas de cada indivíduo. A vivência exterior da fé, assim, não se esgota nas ações que constituem o rito, o culto, as cerimônias, a liturgia, ela perpassa a vida comum, o que suscita questões muito delicadas, como se verá adiante na *Carta*.

COMENTÁRIOS

Segue-se que devemos nos perguntar qual é o seu poder e a que leis está sujeita. Visto que nenhuma sociedade...

Como toda sociedade, a igreja precisa de leis para se organizar. Essas leis são diferentes das leis civis sob duas perspectivas: (1) são formuladas internamente pela própria sociedade religiosa e (2) não podem recorrer à força.

(1) Sendo autônoma para fazer suas próprias leis, cada igreja as formula da maneira que julga mais adequada para o seu funcionamento e para a busca da vida eterna, o que significa que a organização das igrejas pode variar bastante. Algumas, por exemplo, podem ser extremamente hierarquizadas, outras, mais horizontais; umas, muito pomposas, outras, mais simples. Impossível julgar qual seria melhor. A esse respeito, a posição de Locke é, mais uma vez, moderada. Ele não apresenta um critério para estabelecer qual seria *a* verdadeira igreja, apenas (i) refuta a tese de que a verdadeira igreja seria aquela que possui bispos ou presbíteros cuja autoridade descenderia da sucessão dos apóstolos e (ii) critica a proliferação de leis eclesiásticas que se afastam da mensagem essencial de Cristo, que recusava o uso da força e dizia que seus discípulos deviam estar preparados para sofrer perseguições, jamais para perseguir.

(1.i) Quanto à refutação da tese de que a verdadeira igreja seria aquela derivada da sucessão apostólica, são três os argumentos de Locke: (a) não há no Novo Testamento qualquer menção a esse critério para definir a verdadeira igreja. Muito pelo contrário, se o próprio Cristo disse que "onde dois ou mais se reunirem em meu nome, estarei entre eles" (*Mt* 18:20), o que mais é necessário?; (b) sempre houve dissensões acerca da linhagem apostólica, de modo que cada um deve ser livre para escolher a igreja que julgar mais apropriada; (c) os indivíduos devem permanecer livres para escolher as igrejas que lhes convêm, desde que reconheçam essa mesma liberdade aos outros, pois esse é o modo de assegurar a liberdade eclesiástica. Quem crê no valor da sucessão apostólica, que se associe à igreja que supostamente a representa, mas que respeite a seguinte condição: permitir aos outros seguirem as igrejas em que acreditam encontrar o caminho para a salvação de suas almas.

(1.ii) Quanto à proliferação de leis eclesiásticas, Locke faz uma espécie de alerta: pode-se exigir de um cristão o que as Escrituras não mencionam expressamente? Tal como fizera no preâmbulo da *Carta*, Locke reitera sua compreensão da mensagem do Cristo, que nunca pregou

a perseguição e jamais estabeleceu tantas condições para a salvação como pretendem estipular algumas leis eclesiásticas, que não passam, no fundo, de meras e excludentes invenções humanas. No *post scriptum*, ao definir heresia, Locke desenvolverá um pouco mais esse ponto.

(2) Se as leis eclesiásticas não podem fazer uso da força, já que compete apenas ao magistrado formular leis coercitivas, o que fará com que elas sejam obedecidas? De fato, na ausência da força, só há uma sanção possível: fazer com que o indivíduo deixe de ser membro da igreja; em português claro, expulsá-lo. Antes disso, porém, espera-se que os outros membros da igreja busquem orientar o indivíduo recalcitrante por meio de exortações, admoestações, conselhos, como diz Locke. Se isso não funcionar, a penalidade será então a excomunhão. No manuscrito *Poder civil e eclesiástico*, citado anteriormente, Locke explicita a finalidade dessas exortações, admoestações e conselhos que devem anteceder a excomunhão: insuflar a esperança ou o medo acerca da felicidade ou desgraça no *post mortem*, pois essas duas paixões também funcionam como meio para obter a obediência. Seja como for, compete à igreja o direito de afastar de seu seio o membro que perturba seu funcionamento e que se mantém refratário a qualquer mudança. Ora, se ele não concorda com as leis da igreja em que está, se julga que elas não são adequadas para a salvação da alma, basta que procure uma outra que corresponda a seu desejo de alcançar a vida eterna. Sendo uma sociedade voluntária, nada o obriga a permanecer numa igreja com cujas leis não está de acordo. Todavia, se ele se recusa a sair espontaneamente e, ao mesmo tempo, não aceita os conselhos, admoestações e exortações que buscam integrá-lo às leis daquela sociedade religiosa, que mais poderá fazer a igreja senão expulsá-lo, dado que ela não pode puni-lo com o uso da força?

4ª Seção: Deveres com relação à tolerância

Tendo estabelecido tais coisas, investiguemos, doravante, quais e de quem são os deveres relativos à tolerância.

Nesse momento da *Carta*, Locke inicia uma reflexão acerca do que chama de "deveres relativos à tolerância", que podem ser divididos em quatro grupos: deveres dos indivíduos (ou pessoas privadas), das igrejas, dos clérigos e dos magistrados.

4.1: Deveres dos indivíduos

Primeiramente, afirmo que nenhuma igreja, em nome da tolerância, tem de abrigar em seu seio aquele que, uma vez advertido, obstinadamente...

Locke apresenta dois deveres dos indivíduos com respeito à tolerância, e o primeiro deles é apresentado indiretamente. Locke abre essa seção da *Carta* falando da excomunhão e de como ela deve ser feita sem causar nenhum dano civil a quem é expulso da igreja. Em linhas gerais, contudo, o raciocínio pressupõe o seguinte: se a igreja tem o direito de excomungar, isso ocorre porque todos os seus membros têm o dever de seguir suas leis. Locke estabelece esse primeiro dever dos indivíduos com respeito à tolerância como que às avessas: ele fala do direito de excomunhão pertencente à igreja (desde que respeitando os bens civis de quem é expulso), o qual é concebido como a contraparte do dever do indivíduo de respeitar as leis da sociedade religiosa a que se vinculou livre e voluntariamente.

O segundo dever dos indivíduos com respeito à tolerância é não violar os bens civis – entre os quais, convém lembrar, estão a vida e a integridade física – de quem professa uma religião diferente da sua. Locke estabelece com clareza a distinção entre cidadão e crente, o que nada mais é do que reafirmar a distinção entre os fins do Estado e da Igreja: os bens civis de um cidadão devem ser respeitados independentemente de sua crença religiosa. O fato de alguém se desviar do caminho reto não o torna suscetível a ataques, pois esse desvio não afeta ninguém além do próprio indivíduo. Sua perdição é inofensiva para os outros. Ademais, acrescenta Locke, o que se espera de um verdadeiro cristão não é que agrida um desviante, ameace sua vida ou tome suas posses a fim de forçá-lo a seguir o caminho certo, mas que o acolha com benevolência e caridade.

4.2: Dever das igrejas

O que afirmei sobre a tolerância mútua entre pessoas privadas que divergem entre si quanto à religião quero também igualmente aplicar às igrejas particulares...

O dever das igrejas com respeito à tolerância é pensado por analogia com o segundo dever dos indivíduos: do mesmo modo que ninguém pode violar os bens civis de outrem por ele pertencer a uma religião diferente, nenhuma igreja pode tentar sobrepor-se às demais, como se tivesse jurisdição sobre elas. Tal como os indivíduos, cujas crenças e cultos devem

ser respeitados quando não causam dano a terceiros, as igrejas também devem ser respeitadas quando, estabelecendo suas doutrinas e cerimônias, não afetam as outras. Esse dever se impõe, ressalta Locke, mesmo à igreja a que o magistrado pertence. A jurisdição de uma sociedade religiosa não se altera pela adesão do magistrado, que dela participa, por assim dizer, não enquanto magistrado, mas enquanto indivíduo. Uma igreja não se torna mais poderosa pelo fato de o magistrado pertencer a ela.

Aprofundando sua reflexão sobre o dever mútuo das igrejas, Locke desenvolve um argumento muitíssimo importante, que é preciso compreender em detalhe. Caso se admita a possibilidade de uma igreja se sobrepor às outras, o que lhe daria esse direito? Esse direito, se existisse, estaria baseado na posse da verdade, e, por conseguinte, caberia à igreja ortodoxa, jamais às igrejas errôneas ou heréticas. É a verdade, enfim, que autorizaria o uso da força. O problema é o seguinte: como determinar qual igreja detém a verdade? Como Locke havia dito no preâmbulo da *Carta* e reitera agora, "toda igreja é ortodoxa para si mesma e errônea ou herética para as outras". Não há um critério para determinar onde está a verdade. Só Deus a conhece.

Inevitavelmente, contudo, crendo-se ortodoxa, cada igreja julga a si mesma detentora da verdade, o que significa que cada igreja, aos próprios olhos, teria o direito de se impor às outras. A consequência disso é óbvia e terrível: como toda igreja julga que é verdadeira, caso o apelo à verdade legitime o uso da força em questões religiosas, o conflito será inevitável. Sendo assim, toda igreja deve ter a humildade de reconhecer (1) que, embora se julgue a verdadeira, as outras também consideram possuir a verdade e (2) que, caso se valha da força com a justificativa de que possui a verdade, as outras poderão retorquir nos mesmos termos.

Esse raciocínio está presente no terceiro argumento (a redução ao absurdo) da seção da *Carta* referente ao Estado, quando Locke corrobora a delimitação da jurisdição do magistrado aos bens civis. Àquela altura, como parte de sua argumentação, Locke imaginava a possibilidade de os príncipes imporem suas religiões, cada um deles, não obstante, crendo que a sua era *a* verdadeira. Agora, Locke realiza o mesmo raciocínio, mas tornando-o mais explícito e empregando-o diretamente, por assim dizer. Trata-se do que se pode chamar de argumento da reciprocidade, e, na raiz de todo esse raciocínio, está a distinção conceitual entre crença e conhecimento desenvolvida no *Ensaio sobre o entendimento humano*. Como apontado há pouco, em religião, afora a existência de Deus, acerca da

qual se pode ter certeza, tudo que se tem é apenas crença. Os adeptos das mais variadas religiões jamais podem estar certos de suas doutrinas, ou seja, jamais podem demonstrar que são verdadeiras. É por isso que qualquer igreja, ao se arrogar o direito de impor sua própria religião por acreditá-la verdadeira, simultaneamente concede esse mesmo direito a todas as outras. Nesse sentido, o argumento da reciprocidade acaba por desembocar num dilema: ou todas as igrejas poderiam empregar a força em questões religiosas ou nenhuma delas o poderia.

Por fim, concluindo sua reflexão referente à tolerância mútua entre as igrejas, Locke reafirma que, mesmo se fosse possível estabelecer qual é a igreja que detém a verdade, ainda assim a igreja ortodoxa não teria o direito de se impor às demais. A razão é simples e já havia sido apresentada na *Carta*: as igrejas não têm jurisdição em questões civis, os poderes espiritual e temporal são e devem ser distintos. Além disso, a coerção é inadequada para promover a conversão dos espíritos. Tanto a distinção entre os fins do Estado e da Igreja como a crítica à coerção com fins religiosos já haviam aparecido na *Carta*, mas, importantes como são, retornarão ainda em outros momentos. O mesmo se dará com o argumento da reciprocidade, que é igualmente relevante. Locke não se importa em repetir alguns tópicos centrais de sua reflexão, como é o caso ainda da constatação de que os religiosos intolerantes estão mais preocupados em dominar os outros do que em semear a verdade, constatação que também ocorre – com certa ironia – nessa seção da *Carta*. Não é curioso que os intolerantes defendam a imposição da verdade apenas quando o magistrado está do lado deles? Não é engraçado que, quando não amparados pelo poder civil, eles defendam a tolerância? Ora, não há aí uma grande incoerência, a de ser partidário da tolerância somente quando conveniente? Não é covardia defender a imposição da verdade apenas quando se está amparado pelo poder civil?

4.3: Deveres dos clérigos

Em terceiro lugar, vejamos o que o dever da tolerância exige daqueles que se distinguem do resto da coletividade, dos leigos...

Ao tratar da ampla categoria dos clérigos, sejam eles bispos, presbíteros, padres, pastores, Locke não discute a autoridade que possuem dentro da igreja. Se uma sociedade religiosa lhes concede uma posição de prestígio, só os membros da própria sociedade podem questioná-la. De todo

modo, independentemente do poder que possuam dentro da igreja, o primeiro dever dos clérigos com respeito à tolerância é reconhecer que esse poder se restringe às questões religiosas no interior das igrejas a que eles pertencem e que nunca pode se dirigir aos bens civis dos cidadãos. Assim como uma igreja não tem jurisdição sobre outra, os clérigos não têm jurisdição sobre a vida civil dos indivíduos, mesmo a daqueles que compõem sua igreja. Zelar pelos crentes, por assim dizer, não autoriza intrometer-se com os cidadãos, ainda mais porque isso seria impossível sem que houvesse coerção. O primeiro dever dos clérigos, portanto, é abster-se do uso da força.

O segundo, diz Locke, é pregar a paz e a benevolência tanto entre os membros da igreja de que fazem parte como com relação àqueles que, a seus olhos, são heterodoxos. Sendo Cristo o Príncipe da Paz, como Locke novamente afirma, espera-se dos clérigos que incentivem a caridade, a humildade e a tolerância e que tentem refrear o ardor e a aversão de espírito dos que desenvolvem um zelo veemente pela própria religião por julgá-la a única verdadeira. Nessa seção da *Carta*, Locke ainda diz com todas as letras algo que merece ser citado literalmente: os cristãos devem "cuidar, principalmente, de não fazer qualquer mal contra aqueles que somente se ocupam com suas próprias coisas". O que está em jogo aqui é o reconhecimento de que as pessoas são livres para viver do modo como quiserem, desde que não afetem as outras. Isso implica admitir que elas são livres até para, quem sabe, cometer erros e que não podem ser obrigadas a agir diferentemente, se não causarem dano aos outros. Se os cristãos, advertidos pelo próprio Cristo, devem perdoar quem os ofendeu, perdoar não apenas sete vezes, mas setenta vezes sete, quanta benevolência então devem ter por aqueles que seguem suas vidas sem os afetar em nada!

É claro, no entanto, que os clérigos não precisam aceitar o que consideram ser errado. Eles podem usar "a força dos argumentos" (nos termos do próprio Locke) contra os pretensos erros alheios. O que não podem é se valer da força ou incentivar o constrangimento de quem vive de maneira diferente do que eles, os clérigos, acham correto. O uso da persuasão é perfeitamente aceitável; o da força, nunca. A fraqueza dos argumentos não pode ser compensada pelo uso da espada. Qualquer flerte com a coerção é um descumprimento do dever de pregar a paz e a benevolência, é um indício de ambição de domínio, uma prova da corrupção do amor pela verdade.

COMENTÁRIOS

4.4: Dever dos magistrados

Em quarto lugar, por fim, vejamos agora quais são as incumbências do magistrado acerca da tolerância, que são muito importantes.

Há um dever fundamental do magistrado: tolerar as sociedades religiosas, cuja finalidade é assegurar a salvação da alma dos que delas fazem parte. A atuação do magistrado deve se restringir a elaborar leis que visem à proteção dos bens civis e a assegurar, por meio da possibilidade de punição, que elas sejam seguidas. Nada mais. Isso significa que cada indivíduo deve cuidar por si mesmo da salvação de sua alma. Uma pergunta, porém: e no caso de quem se recusa a buscar a vida eterna? O que deve ser feito? Dado que o magistrado não pode forçá-lo a preservar sua saúde ou manter sua propriedade, poderia, não obstante, obrigá-lo a cuidar da própria alma? De maneira nenhuma, diz Locke, que ainda acrescenta: "nem Deus salvará alguém contra sua vontade". Assim, se um indivíduo descura da vida eterna, o que deve ser feito? É evidente que se pode aconselhá-lo, admoestá-lo; o que não se pode é forçá-lo. Se o desviante não dá ouvidos aos conselhos que recebe, nada resta a fazer.

Desdobrando a pergunta sobre os indivíduos que não cuidam da própria salvação, Locke elabora uma suposição. Imagine-se que o magistrado decida cuidar da saúde ou da riqueza dos cidadãos no sentido não apenas de protegê-los de violações (o que é legítimo), mas também de torná-los sãos e prósperos (o que é excessivo, ilegítimo). Concedido esse pressuposto, Locke levanta algumas questões para mostrar como isso é inexequível. No que se refere à riqueza, por exemplo, como determinar uma profissão específica para cada um dos indivíduos e garantir que eles serão capazes de acumular fortuna? Há vários caminhos para se tornar rico, tal como existem inúmeros modos de se manter saudável. Todavia, diferentemente da saúde e da prosperidade material, é possível conceber que a salvação possua um caminho único. Ao menos, é isso o que asseguram os intolerantes. Dessa perspectiva, que é a dos fanáticos, faria sentido coagir os indivíduos: para assegurar a vida eterna, eles não teriam uma miríade de opções igualmente válidas (como há para ficar rico ou são), mas apenas uma. Havendo um único caminho, ele é necessariamente o mesmo para todos, razão pela qual se torna viável impô-lo. Portanto, a fim de justificar o uso da força, a objeção que se apresenta é a de que haveria um caminho único para a vida eterna. Como Locke a responde? A resposta está contida no restante dessa seção da *Carta* e é

constituída por uma intrincada cadeia argumentativa cujos passos convém abordar por etapas.

Em primeiro lugar, Locke trata das coisas indiferentes (*adiaphora*, em grego, termo incorporado ao latim), tópico que será retomado explicitamente adiante na análise do dever do magistrado relativo aos cultos. O raciocínio é o seguinte: suponha-se que haja apenas um caminho para a salvação. Se assim é, por que há tantas disputas acerca de detalhes – as chamadas coisas indiferentes – que parecem irrelevantes para a salvação? Mesmo quando estão de acordo quanto a aspectos essenciais da religião, por que os cristãos se desentendem acerca de pontos menores? Alimentos permitidos ou proibidos, corte de cabelo curto ou longo, vestimentas litúrgicas desta ou daquela cor? Essas trivialidades afetam realmente a salvação? Locke considera que não a afetam em absolutamente nada –elas não são essenciais –, e é por isso que as enquadra na categoria de indiferentes.

Em seguida, Locke aprofunda-se no mesmo raciocínio, mas acrescenta a ele uma concessão: suponha-se novamente que haja apenas um caminho para a salvação e que todos os detalhes (tidos por Locke como indiferentes) sejam de fato imprescindíveis, como querem os fanáticos. Assim, dentre os inúmeros caminhos possíveis, existiria apenas um que é verdadeiro e cujas características estão minuciosamente especificadas. Como, contudo, saber qual é? Como conhecê-lo? A responsabilidade do magistrado pela comunidade ou seu direito de formular leis dão a ele melhores condições de identificar o verdadeiro caminho do que o estudo que cada pessoa faz individualmente? A resposta é negativa, claro! O poder não torna o magistrado mais capacitado para conhecer os assuntos religiosos. Ninguém fica mais inteligente ou mais sábio por ter poder, como se comprova pelo fato de os magistrados dos mais diversos países terem feito escolhas religiosas diferentes. Se o poder os tornasse mais aptos para tomar essa decisão, por que não haveria acordo entre eles?

Tendo provado que todos os indivíduos, não importa a posição que ocupem, têm a mesma capacidade ou as mesmas limitações para refletir sobre os assuntos religiosos e, consequentemente, fazer as próprias escolhas, Locke apresenta um argumento suplementar para delimitar a jurisdição do magistrado. Em assuntos civis, como a já citada riqueza, é possível imaginar a possibilidade de os indivíduos obedecerem ao magistrado, caso ele extrapole suas funções a ponto de determinar que profissão deveriam ter para ficarem ricos. Essa possibilidade é imaginável (ainda que não seja desejável nem justificável), porque, se os indivíduos

lhe obedecessem e, porventura, não ficassem ricos, a responsabilidade seria do próprio magistrado, que poderia então compensá-los. Contudo, caso alguém perca não um bem civil e sim a vida eterna, não há ressarcimento possível. Nesse plano, o magistrado não pode reparar seu erro, razão pela qual não deve se imiscuir em assuntos religiosos.

Em suma, o argumento de Locke nesse trecho da *Carta* é que o magistrado não está mais apto do que nenhum outro indivíduo para conhecer o caminho da salvação, mesmo que esse caminho seja único. Além disso, o magistrado não deveria se outorgar o direito de impor o caminho da salvação, porque, caso fossem induzidos ao erro, os indivíduos teriam de arcar com as consequências sozinhos, não podendo ser ressarcidos pelo equívoco que foram obrigados a cometer. Num manuscrito intitulado *Tolerância D*, Locke expressa sua posição de modo sintético:

> Porque em todos os estados o homem é passível de erro, tanto os governantes como aqueles que lhe estão submetidos, tanto doutores como estudantes, seria insensato estar sob a direção absoluta daqueles que podem errar numa questão de tal importância, importância eterna, que, se nos orientam mal, não podem nos proporcionar nenhuma reparação (*Ensaios políticos, Tolerância D*, p. 343).

No passo seguinte da cadeia argumentativa, Locke se defronta com uma variante da objeção de que haveria um único caminho para a salvação. Agora não é mais o caso de o próprio magistrado determiná-lo, já que ele está tão sujeito ao erro quanto qualquer outro indivíduo. Suponha-se, pois, que é a igreja quem deva determinar qual o caminho da salvação, cabendo ao magistrado somente segui-la e ordenar o caminho único a todos os cidadãos. Ora, pergunta óbvia: qual igreja deve determinar o caminho da salvação? Resposta: a igreja à qual pertence o detentor do poder. Todavia, como demonstrado anteriormente, quem garante que o magistrado escolheu a igreja verdadeira, se ele não é melhor do que ninguém para lidar com os assuntos religiosos? Se o magistrado podia errar quando escolhia diretamente o caminho da salvação, ele permanece suscetível ao erro quando o escolhe indiretamente, isto é, quando escolhe a igreja que deteria seu conhecimento. É inútil recorrer à autoridade da igreja, pois a decisão, em última instância, remonta ao magistrado. Além disso, Locke apresenta um argumento de natureza histórica para pôr em xeque a autoridade eclesiástica: frequentemente, são as igrejas que se submetem ao poder temporal, e não o inverso.

Seja para agradar, seja por pressão de quem detém o poder, os clérigos tendem a manejar as crenças e ritos de modo a permanecer próximos das cortes e das magistraturas. Como garantir, pois, que o caminho da salvação apresentado pela igreja não seja aquele que, apenas por motivos políticos, é conveniente ao príncipe ou ao magistrado?

Por fim, Locke arremata seu raciocínio retomando o argumento da inadequação da força. Mesmo que houvesse um único caminho para a salvação, estabelecido em seus mínimos detalhes, mesmo que o magistrado pudesse conhecê-lo diretamente ou por meio de uma escolha imparcial da verdadeira igreja, de nada adiantaria impô-lo aos cidadãos. Para a salvação da alma, é preciso haver uma convicção íntima que a imposição nunca pode produzir. A salvação requer "sinceridade interior", e ela jamais advém quando o indivíduo, por estar submetido à força, contradiz a própria consciência.

A conclusão dessa longa cadeia argumentativa é clara: o magistrado deve ater-se aos assuntos civis e tolerar as sociedades religiosas. Convém notar, contudo, o emprego de um argumento novo: quando se trata de religião, o magistrado está tão sujeito ao erro quanto qualquer pessoa. Argumento importante, que se pode intitular de argumento da falibilidade, vale destacá-lo porque, como dito anteriormente, ele pode ser pensado como uma das razões pelas quais os indivíduos não confiaram ao magistrado o cuidado com a salvação das almas ao estabelecerem o pacto que deu origem à sociedade civil.

5ª Seção: Deveres do magistrado com relação ao culto

Entretanto, como em toda igreja há dois aspectos principais a serem considerados, isto é, o culto exterior ou rito e os dogmas, devemos tratar de cada um deles separadamente, de modo que fique mais clara a exposição geral da tolerância.

Nessa seção da *Carta*, Locke aprofunda sua reflexão sobre o dever de tolerância que recai sobre o magistrado, mas agora o analisa tratando separadamente os dois componentes da religião. Segundo Locke, toda religião é composta por (i) cultos, cerimônias ou ritos e (ii) artigos de fé ou doutrinas. Essa concepção bipartite perpassa a *Carta* do princípio ao fim, ainda que apenas agora seja claramente exposta. No *post scriptum*, essa mesma concepção será retomada como fundamento da definição dos conceitos de heresia e cisma. Nesse momento da *Carta*, Locke identifica os componentes da religião e passa a examinar o dever de tolerância

do magistrado com relação ao primeiro deles: o culto. A estrutura do raciocínio é clara: vai do mais amplo ao mais particular. Assim, tendo sido a religião definida como composta de culto e crenças, Locke passa a tratar do culto, que, por sua vez, é abordado à luz de duas perspectivas, indicadas com algarismos romanos: primeiramente, discute-se a possibilidade de o magistrado *introduzir* ou obrigar as igrejas a seguirem alguma cerimônia religiosa; em seguida, aborda-se a possibilidade de o magistrado *proibir* alguma cerimônia adotada pelas igrejas.

I. O magistrado não pode impor, por sanção de lei civil, que se pratique qualquer rito eclesiástico ou cerimônias no culto a Deus...

As igrejas são sociedades livres, como se sabe, mas o argumento de Locke para justificar que o magistrado não tem direito de obrigá-las a adotar culto algum é mais sofisticado do que um simples apelo à liberdade no interior dessas sociedades voluntárias. O argumento de Locke é, propriamente, uma demonstração da incoerência por parte do magistrado, de uma contradição que se instaura quando se alega a defesa da liberdade religiosa e, ao mesmo tempo, se introduz nas igrejas um culto obrigatório. Qualquer cerimônia só tem sentido, do ponto de vista religioso, caso se considere que ela agradará a Deus, mas uma cerimônia imposta pelo magistrado nunca é agradável a Deus. Sendo assim, como se pode falar em liberdade religiosa se os religiosos são obrigados a realizar cultos que eles julgam desagradar a Deus? Noutras palavras, se o objetivo do culto é agradar a Deus, nada que o desagrade pode ser adotado, como ocorreria caso o magistrado impusesse algum rito. Por conseguinte, o magistrado não pode impor culto algum às igrejas, a menos que admita (o que é inaceitável) que não mais respeita a liberdade religiosa.

Uma questão, porém, pode ser colocada a partir desse raciocínio: e as coisas indiferentes? Não teria o magistrado o direito de legislar a respeito delas? Locke considera que as coisas indiferentes realmente estão sob a jurisdição do magistrado, mas também considera, como acabou de ser exposto, que o magistrado não pode impor culto algum. Parece haver aqui um paradoxo. Afinal de contas, o magistrado pode mesmo legislar sobre as coisas indiferentes? E os cultos, eles se enquadram na categoria das coisas indiferentes? Em linhas gerais, a resposta da primeira questão é positiva; a da segunda, negativa. Entretanto, para compreendê-las adequadamente, é preciso ter em mente as três razões apresentadas por Locke para delimitar a jurisdição do magistrado acerca dos indiferentes.

(1ª) A primeira razão, já apresentada outras vezes, é simples e muito importante: o poder de legislar que o magistrado possui se restringe ao que é útil para a sociedade civil, ao que contribui para a preservação dos bens civis. Desse modo, se o magistrado se intromete em questões cerimoniais, ele incorre em excesso, extrapola os limites do poder que legitimamente possui.

(2ª) A segunda razão apresentada por Locke apoia-se na constatação de que os cultos das diferentes igrejas não afetam a sociedade civil. Eles existem única e tão-somente para que os religiosos, conforme acreditam, alcancem a salvação da alma. Dessa perspectiva, se uma igreja julga, por exemplo, que é preciso banhar o recém-nascido em água, como no rito do batismo, que mal há nisso? O magistrado civil pode até considerar que, por razões higiênicas ou sanitárias, o banho das crianças deva ser obrigatório, mas não pode transformar essa obrigação em cerimônia religiosa, tornando necessário que um rito dessa natureza seja adotado por todas as igrejas.

(3ª) A terceira razão para delimitar a jurisdição do magistrado acerca das coisas indiferentes baseia-se na afirmação de que a autoridade humana não tem a capacidade de transformar algo indiferente em objeto de culto. O poder do magistrado (na verdade, o poder de qualquer ser humano) é insuficiente para dignificar as coisas indiferentes, para colocá-las à altura de Deus, por assim dizer. Tudo que é adotado como culto não decorre de decisões humanas, mas de prescrições do próprio Deus, conforme acreditam os partidários das diferentes religiões e igrejas. É por isso que Locke considera que as coisas indiferentes, quando adotadas por uma religião, deixam de ser indiferentes. Esse é o caso, por exemplo, do vinho e do pão ou do sacrifício de animais. Tradicionalmente, as coisas indiferentes são aquelas que Deus nem ordenou nem proibiu que fossem feitas. São coisas intermediárias, como também se diz na *Carta*. Ao que parece, portanto, ao menos do ponto de vista de Locke, há de fato coisas que são indiferentes em si mesmas (e que, em tese, poderiam então cair sob a jurisdição civil), mas que, uma vez adotadas por alguma igreja, ganham um papel e um sentido no culto, deixando de ser indiferentes (o que faz com que não mais possam recair sob a alçada do magistrado). Assim, o aparente paradoxo acerca desse ponto se desfaz quando se reconhece (i) que, embora sejam efetivamente indiferentes, por não se encontrarem expressamente na Sagrada Escritura, (ii) para os indivíduos que as incorporam ao seu culto, elas não mais o são. Para eles,

seu valor é essencial, delas não podem abrir mão sem ofender a própria consciência e a esperança de o culto que realizam ser aceito por Deus. A rigor, é indiferente se o sacrifício ritual será o de um bode ou de um cachorro, se os símbolos cerimoniais serão o vinho e o pão em vez da cerveja e do peixe. No entanto, dado que uma determinada igreja, por razões que julga sagradas, adota este ou aquele rito, as coisas indiferentes deixam de sê-lo. Como, entretanto, se justifica essa mudança? Por que as coisas indiferentes deixam de ser indiferentes? Pelo que parece, essa mudança se justifica porque, como já dito, as coisas indiferentes perdem a neutralidade quando adotadas em algum culto: sua realização se torna obrigatória para todos que acreditam que elas agradam a Deus, e, caso não sejam respeitadas, realiza-se uma ofensa a Ele. É imprescindível que elas sejam seguidas à risca, portanto. Não se trata de capricho (de algo, pois, que seria indiferente), mas de necessidade; trata-se de cumprir algo tido como essencial. Sendo assim, uma vez incorporadas aos rituais eclesiásticos, as coisas indiferentes ganham um novo estatuto e, por isso, devem ficar fora do âmbito de jurisdição do magistrado. Ao tratar dessa questão no *Ensaio sobre a tolerância*, Locke se expressa do seguinte modo:

> Dirão que conceder que a tolerância é devida a todas as partes do culto religioso é excluir o poder do magistrado de fazer leis sobre coisas em relação às quais, como todos os lados reconhecem, ele tem poder, ou seja, coisas indiferentes, como são muitas das coisas utilizadas no culto religioso: usar vestimenta branca ou negra, ajoelhar-se ou não se ajoelhar, etc. A isso respondo que no culto religioso nada é indiferente, pois é o uso desses hábitos, gestos, etc., e não de outros, que eu julgo aceitável a Deus no meu culto a Ele, ainda que possam ser perfeitamente indiferentes em sua própria natureza (*Ensaios políticos, Ensaio sobre a tolerância*, p. 173).

Por fim, ainda tratando das coisas indiferentes, Locke faz uma distinção conceitual esclarecedora. Nem tudo que compõe os cultos foi determinado por Deus. Há algumas coisas que foram deixadas "ao arbítrio humano", como diz Locke. Essas coisas não são parte imprescindível das cerimônias, mas sim aspectos circunstanciais, que, enquanto tais, permanecem indiferentes. Esse é o caso, para os cristãos, dos horários ou locais de culto. É circunstancial (e indiferente, portanto) se os cultos são realizados de manhã, de tarde ou de noite, se num bairro da periferia ou no centro. Por conseguinte, pode-se concluir que as cerimônias

religiosas são formadas pelo que Locke chama de (i) parte: elementos essenciais, dos quais alguns, embora indiferentes, deixam de sê-lo a partir do momento em que uma igreja julga terem sido prescritos por Deus, e de (ii) circunstância: elementos secundários, os únicos verdadeiramente indiferentes. Dessa perspectiva, apenas os elementos circunstanciais são definidos segundo o "arbítrio humano"; os essenciais, efetivamente constitutivos dos cultos, só podem ser introduzidos nas igrejas – e ser agradáveis a Deus – por uma prescrição divina ou, mais precisamente, segundo o que cada igreja julga ser a prescrição divina.

II. O magistrado não pode proibir nas assembleias religiosas os ritos sagrados de qualquer igreja ou o culto nela admitido, porque, assim, suprimiria...
Se o magistrado não pode *introduzir* culto algum nas igrejas, resta agora saber se ele poderia *proibir*. Ora, sendo sociedades livres, é de se imaginar que as igrejas não possam ser proibidas de realizar seus cultos. Isso é verdadeiro, mas admite algumas exceções.

Em primeiro lugar, é importante reconhecer que as igrejas não estão autorizadas a realizar práticas que sejam proibidas na sociedade civil. O sacrifício humano, por exemplo, deveria ser aceito como cerimônia religiosa? Se o assassinato é proibido para todos os membros da sociedade civil, por que haveria de ser permitido para os adeptos de uma determinada religião? Nenhuma igreja, portanto, pode adotar um culto que infrinja as leis promulgadas para a preservação da sociedade como um todo ou dos bens civis dos cidadãos. A autonomia das sociedades religiosas para determinar suas próprias leis não as autoriza a infringir a legislação civil. Todas as igrejas devem se submeter aos princípios que o magistrado determina para a conservação e promoção dos bens civis, isto é, aos princípios maiores que asseguram a manutenção da paz e da ordem. Mesmo em nome de Deus, nenhuma pessoa ou nenhuma igreja pode se colocar acima da legislação civil.

Em segundo lugar, considerando o âmbito de jurisdição legítima do magistrado, pode acontecer que, em determinadas circunstâncias, sejam promulgadas leis que venham a proibir algo anteriormente permitido e que, assim, restrinjam a liberdade de culto. Essa segunda exceção à liberdade das igrejas para determinar suas próprias cerimônias é pensada por Locke a partir do exemplo da matança de bezerros. Imagine-se que uma religião adote como rito o sacrifício de bezerros. Há algum problema nisso? Não. Se os indivíduos, desde que não afetem os outros,

podem usufruir de sua propriedade do modo como quiserem, por que os religiosos não teriam o mesmo direito? Se possuem um bezerro e desejam sacrificá-lo a fim de agradar a Deus, por que não poderiam fazê-lo, se isso não prejudica ninguém? Imagine-se, todavia, uma segunda situação. Uma peste faz com que o suprimento de comida, em particular de carne bovina, fique muito baixo. Por essa razão e com vistas à preservação da sociedade, o magistrado decide proibir qualquer matança de bezerro, com o objetivo de garantir a oferta alimentar. Nesse caso, a proibição do magistrado acaba por atingir a liberdade de culto, muito embora ele não tenha se contraposto ao sacrifício propriamente dito (num momento posterior, quando o estoque de alimentos se recompuser, a lei certamente perderá sua validade). O magistrado proibiu somente a matança de bezerros, não o sacrifício. Isso significa, noutras palavras, que a motivação do magistrado ao promulgar a proibição legal tem caráter apenas político, jamais religioso. Não há qualquer tomada de posição relativa ao sacrifício de bezerros enquanto rito. O que está em questão é a necessidade, de natureza civil, de se proibir a matança por um determinado período de tempo até que o suprimento de gado volte ao normal.

Se fosse o caso de pensar esse ponto a partir de conceitos contemporâneos, seria possível dizer que Locke defende, da parte do poder civil, uma neutralidade de justificativa, e não de efeito. Espera-se que o magistrado aja com neutralidade ao fundamentar as leis (nesse caso, como dito, isso significaria que as razões que embasam a legislação deveriam se limitar a questões exclusivamente civis, isto é, o bem e a utilidade pública), mas pode acontecer que, mesmo sendo neutro no que diz respeito à justificativa, o magistrado acabe propondo uma lei que resulte em algum efeito restritivo ao culto religioso de alguma igreja. Portanto, nem sempre uma lei neutra quanto à justificativa será neutra quanto ao efeito, tal qual o caso da matança dos bezerros muito bem exemplifica.

Como se pode notar, a liberdade de culto não é absoluta, pois comporta as exceções explicadas acima. Se algo coloca em risco a ordenação da sociedade civil ou implica algum dano a ela, não há motivo para que seja permitido nas sociedades religiosas. Entretanto, sempre que as igrejas adotarem práticas que são tidas como legais na sociedade civil, sua liberdade é plena, e o magistrado nada pode proibir. Se algo é permitido na sociedade civil, por que haveria de ser proibido nas igrejas?

Estabelecido qual é o dever do magistrado com relação ao culto, levanta-se em seguida uma nova questão: a tolerância deve se estender

até mesmo aos idólatras? Sim, pensa Locke, que se vale do argumento da reciprocidade como justificativa. Se cada um é ortodoxo para si mesmo, como dito no preâmbulo da *Carta*, ou se a religião de cada príncipe é ortodoxa para si mesma, como dito na presente seção, os magistrados dos diferentes países teriam o direito de impor a religião que consideram verdadeira. O resultado disso, como se sabe, seria um conflito inevitável. Nunca é demais ressaltar: para cada igreja, todas as outras são heterodoxas. Além desse argumento, Locke também se vale do argumento do desejo de domínio para se opor à perseguição aos idólatras, mas, desta vez, ele o expressa com uma ênfase inédita, dizendo com todas as letras que a religião pode (indevidamente, claro!) ser usada como pretexto para espoliação e ambição. A seus olhos, de um ponto de vista histórico, foi exatamente isso que aconteceu. Num primeiro momento, ainda entre os romanos, os cristãos demandavam o direito à tolerância, já que eram minoria e estavam apartados do poder. Todavia, num momento subsequente, quando o número de adeptos era maior e o poder temporal se converteu à fé cristã, os cristãos passaram a perseguir e se apropriar dos bens civis daqueles que, outrora, haviam respeitado o direito de eles professarem a religião que queriam.

Embora se oponha à perseguição aos idólatras, Locke não se opõe ao raciocínio dos que consideram que a idolatria, sendo um pecado, deva ser evitada. O que ele se recusa a aceitar é que a idolatria, tida como pecado, deva ser punida pelo magistrado. Em suas próprias vidas, os indivíduos podem evitar tudo que julguem ser pecaminoso, mas não podem querer que esse princípio que estabelecem para si mesmos, baseado na crença religiosa que possuem, deva se tornar uma lei aplicável à sociedade civil como um todo. Cabe ao magistrado punir apenas crimes, não pecados. A necessidade de diferenciar claramente essas duas categorias é uma consequência da distinção entre os fins do Estado e da Igreja. Querer que o magistrado legisle sobre supostos pecados significa misturar preceitos religiosos à ordem civil. Conforme seus artigos de fé, as igrejas podem pregar contra o que consideram ser pecaminoso e aconselhar seus membros a não pecarem, mas não devem almejar que seus princípios de conduta sejam impostos a todas as outras pessoas. O argumento da reciprocidade, também nesse caso, é suficiente como prova. Locke, no entanto, elabora um raciocínio suplementar: se o pecado deve ser punido pelo magistrado, por que nunca se pensou em punir a mentira, a avareza, a frivolidade, entre tantas outras faltas? Ora, nunca

se pensou em punir o pecado porque ele não causa nenhum dano relevante à sociedade civil, à paz. Somente quando a sociedade civil corre o risco de sofrer algum prejuízo é preciso se precaver e definir como crime o que a ameaça. Portanto, ao se estipular que determinada conduta é crime, que é passível de punição, isso deve ser feito unicamente por razões políticas, jamais religiosas, de maneira análoga ao exemplo da matança de bezerros.

Por fim, ainda tratando da idolatria, Locke ressalta que a lei mosaica, segundo a qual os idólatras deveriam ser punidos, é bastante restrita: ela se aplica somente aos judeus, não tem valor universal. Essa circunscrição seria suficiente para demonstrar que não pode ser estendida a todos os povos, mas, mesmo assim, Locke entra em detalhes a esse respeito. Fundamentalmente, afirma-se na *Carta* que havia dois tipos de idólatra, segundo a lei de Moisés: os que abjuraram ao Deus de Israel e os estrangeiros. Quanto ao primeiro grupo, cabia a acusação de traição, já que, sendo a sociedade judaica organizada como uma teocracia, as leis religiosas e civis não se distinguiam. Já os membros do segundo grupo não tinham a obrigação de seguir a lei mosaica; ademais, a julgar pelo *Êxodo* e pelo *Deuteronômio*, citados por Locke, os estrangeiros foram expulsos apenas de Canaã, mas aceitos em todas as regiões dominadas por Davi e Salomão além dos limites da Terra Prometida.

Nessa digressão de Locke sobre a lei mosaica e a idolatria, vale notar ainda as observações feitas sobre o judaísmo e o cristianismo. Para os judeus, não havia distinção entre os fins do Estado e da Igreja, de modo que as leis civis eram, na verdade, as leis eclesiásticas. Para os cristãos, contudo, a Igreja deve estar separada do poder civil, pois Cristo não prescreveu nenhuma forma de governo específica para organizar a vida social de seus seguidores, tendo se limitado a ensinar o caminho para a vida eterna.

6ª Seção: Deveres do magistrado com relação à fé

Até aqui, tratamos do culto exterior. Segue o que propomos sobre a fé. A respeito dos dogmas das igrejas, uns são práticos, outros, especulativos, e, embora ambos consistam no conhecimento da verdade...

Na abertura da seção anterior, Locke apresentou os dois componentes da religião. Tendo tratado do primeiro, o culto, agora trata do segundo, a fé, mas subdividindo-a em duas categorias: por um lado, os artigos de fé que são exclusivamente especulativos; por outro, os que repercutem na ação.

Todos dizem respeito à busca da verdade e, por isso, podem ser chamados de crenças ou opiniões, mas uns ficam restritos ao entendimento, ao passo que os outros se refletem no comportamento. Locke denomina-os crenças especulativas e crenças práticas, valendo-se de uma classificação análoga à que fizera no primeiro livro do *Ensaio sobre o entendimento humano*, ao analisar a existência de princípios inatos. Numa passagem do manuscrito *Poder civil e eclesiástico*, Locke expõe essas duas categorias dos artigos de fé de uma maneira levemente diferente, mas esclarecedora, pois ainda as relaciona ao culto, componente da religião de que tratara na seção anterior.

> Igreja. O assunto próprio das leis dessa sociedade são todas as coisas tendentes à consecução da glória futura, que são de três espécies: (i) *Credenda*, ou questões de fé e de opinião, que findam no entendimento. (ii) *Cultus religiosus*, que contém tanto os modos de expressar nossa honra e adoração da divindade como o modo de nos dirigirmos a ela para conseguir algum bem. (iii) *Moralia*, ou correta condução de nossas ações relativas a nós próprios e aos outros (*Ensaios políticos, Poder civil e eclesiástico*, p. 268).

Logo, a lei civil de modo algum pode introduzir em qualquer igreja os dogmas especulativos e (como são chamados) os artigos de fé correspondentes, que...
Tal como fizera ao analisar o dever do magistrado com respeito ao culto, Locke aborda as crenças especulativas a partir de duas alternativas: imposição e proibição. Impor uma crença é algo que extrapola o poder do magistrado não apenas no sentido de exceder sua jurisdição legítima, como também no de ser algo impossível. A crença não é determinada pela vontade, como já havia sido dito na crítica à coerção presente no argumento da inadequação da força. Esse mesmo raciocínio também se aplica à proibição de crenças especulativas (algo igualmente impossível), mas Locke apresenta outro argumento para delimitar o dever do magistrado: opiniões desse tipo não afetam a vida civil em absolutamente nada. Se alguém não acredita na trindade ou na transubstanciação do pão no corpo de Cristo, isso não causa prejuízo a ninguém, exceto, eventualmente, ao próprio descrente. Locke reitera ainda o quanto a força é inútil e, muitas vezes, contraproducente para a propagação da verdade. Se a verdade não se impõe por si mesma, pela sua própria luz, não há coerção capaz de fazê-lo. Sendo assim, o que cabe concluir senão que o magistrado deve tolerar qualquer crença especulativa?

A retidão de costumes, em que consiste uma parte não pequena da religião e da piedade sincera, também...

As crenças práticas constituem um campo delicadíssimo da reflexão sobre a tolerância. O comportamento *neste mundo* é algo essencial para a manutenção da sociedade civil, mas também para a salvação da alma. Isso significa que as ações estão sob uma dupla jurisdição, do magistrado *e* da igreja, de modo que pode haver discórdia entre elas. Talvez de maneira otimista, Locke supõe que as possíveis discordâncias entre as duas jurisdições haverão de ser resolvidas com facilidade, caso os limites de cada uma delas sejam bem observados.

O ser humano vive numa espécie de dualidade. Detentor de uma alma imortal, deve seguir as prescrições de Deus a fim de assegurar a salvação e deve fazê-lo prioritariamente, como o próprio Locke enfatiza, já que a vida eterna é incomparavelmente superior à vida terrena. Por outro lado, porém, o ser humano constitui a sociedade civil para remediar os males do estado de natureza, do qual deseja sair a fim de viver de maneira mais tranquila e pacífica, tendo seus bens civis assegurados pela atuação do poder político. Assim, por se tornar membro da sociedade civil, cuja origem reside no desejo de superar o estado de natureza, o ser humano deve respeitar as leis promulgadas para a preservação da propriedade (entendida em sentido amplo: vida, liberdade, posses) e da paz, além da proteção frente a agressões exteriores. É por isso que os indivíduos se encontram numa dualidade, que decorre da necessidade de obedecer, simultaneamente, às prescrições de Deus e às leis civis, ou seja, ao que diz respeito à vida eterna e à vida presente.

Não há dúvida de que a legislação promulgada pelo magistrado deva ater-se à finalidade compactuada na origem da sociedade civil. No entanto, é possível que as leis civis venham a infringir os ditames da consciência de algumas pessoas. O que fazer quando isso acontece? Se as leis são elaboradas em consonância com a jurisdição legítima do magistrado, os casos de conflito entre a legislação e a consciência individual, se existentes, serão bastante raros. Todavia, se realmente vierem a acontecer, como Locke considera que a obediência a Deus é anterior à obediência às leis civis, os indivíduos teriam o direito de seguir a própria consciência, permitindo-se não seguir a lei, mas deveriam se submeter às punições correspondentes (o que se chama resistência passiva). Eles deveriam ser punidos porque a discordância subjetiva (ou privada, nos termos de Locke) com relação a uma lei legítima não retira a validade dela. Já no caso em que as leis civis

extrapolam a jurisdição do magistrado, elas perdem a legitimidade, e os indivíduos, obviamente, não deveriam mais ser coagidos.

Entretanto, e se o magistrado elabora uma lei que ultrapassa sua jurisdição, mas acredita, sem hipocrisia, estar legislando para o benefício público? É claro que a crença do magistrado nada diz sobre a legitimidade da lei: ele pode simplesmente se enganar. Contudo, e se, realmente, ele acredita legislar para o bem comum sem se exceder no poder, mas os cidadãos acreditam no contrário? A quem caberá a decisão final? Quem poderá dirimir o embate? Locke não tem ilusões a esse respeito: nenhuma das partes tem condições de resolver a questão. Na ausência de um juiz na terra, cabe apenas apelar a Deus, o que também é dito no *Segundo tratado sobre o governo* (§§ 168, 241). Em casos desse tipo, só mesmo Deus poderia dar a resposta, mas apenas quando ocorrer o Juízo Final. Até que chegue esse momento, Locke considera que todos devam fazer o máximo para manter a paz, mesmo reiterando que a salvação da alma é prioritária. A esse respeito, na conclusão da *Carta*, Locke menciona abertamente o direito de rebelião (ou de resistência ativa), mas a esta altura há apenas uma aparente alusão a esse direito quando se afirma que são "poucos os que acreditem na paz onde veem o completo abandono". Seja como for, cabe lembrar que no *Segundo tratado sobre o governo* (§ 232) o direito de rebelião é justificado quando há um abuso do poder por parte do magistrado ou, em termos mais precisos, quando se dá o uso da força desacompanhado do direito, quando o magistrado atua para além da confiança que nele foi depositada.

Aprofundando-se na reflexão sobre as crenças práticas, Locke aborda em seguida um dos pontos mais célebres da *Carta*: as crenças intoleráveis, que são dispostas em quatro grupos.

(1º) Não devem ser toleradas as doutrinas incompatíveis com a sociedade civil e contrárias à sua preservação, ainda que sejam raríssimos os casos em que isso acontece, como o próprio Locke admite. Muito possivelmente, essas crenças práticas são aquelas que infringem as leis civis, tópico que já havia sido abordado antes.

(2º) Não deve ser tolerado ninguém que, reivindicando uma "prerrogativa peculiar", pensa poder se colocar acima das leis civis e imagina ser superior às outras pessoas. É intolerável, pois, todo indivíduo que (i) crê possuir a verdade (a ortodoxia) e se atribui um poder acima dos outros nas questões civis, (ii) utiliza-se da religião para tentar obter autoridade sobre pessoas que não pertencem à sua igreja ou que, de certo modo, estão à parte dela e (iii) defende a perseguição dos dissidentes de

sua religião. Locke afirma ainda que esses indivíduos intoleráveis jamais defenderão suas posições explicitamente, pois sabem que isso despertaria a atenção do magistrado e colocaria a sociedade civil em alerta para prevenir o mal daí decorrente. Por causa disso, é preciso ter atenção com relação a eles, reparar em seus discursos os indícios de que têm a pretensão de se impor injustamente aos outros, como quando defendem (i) que não são válidas as promessas feitas aos hereges (mas quem é herege, se cada um é ortodoxo para si mesmo?), (ii) que os reis excomungados perdem os seus reinos (qual igreja, contudo, entre tantas existentes, teria o direito de excomungar?) ou (iii) que o domínio está fundado na graça, isto é, que um governo só tem autoridade se estiver baseado na verdade (como demonstrar, no entanto, onde está a verdade?). Na Inglaterra do século XVII, essas três posições eram usualmente atribuídas aos católicos, o que leva a pensar que é contra eles que esse segundo conjunto de crenças intoleráveis está voltado. Ressalte-se, entretanto, que a exposição de Locke desse segundo conjunto de crenças intoleráveis se dá em termos bastante amplos, sem qualquer associação direta aos adeptos do catolicismo.

(3º) Não devem ser toleradas as pessoas que professam uma religião que as torna súditas de outro príncipe além do governante do país em que vivem. Tradicionalmente, supõe-se que se trata de mais uma alusão aos católicos, mas, também nessa passagem da *Carta*, eles não são mencionados nominalmente: apenas os muçulmanos são dados como exemplo. Vivendo num país protestante, Locke pensa que os católicos ingleses estariam sujeitos ao papa, isto é, a outro soberano além do rei, e que, em caso de conflito, dada a primazia da obediência a Deus, eles teriam de seguir as ordens vindas de Roma, desrespeitando, portanto, as oriundas de Londres. Isso significa que o príncipe inglês, caso os tolerasse, abrigaria possíveis oponentes em seu próprio território. No *Ensaio sobre a tolerância*, Locke trata desse mesmo ponto, mas referindo-se abertamente aos católicos:

> Como os homens costumam aprender sua religião em conjunto e assumir para si as opiniões de seu partido todas de uma só vez, de embrulho, é frequente misturarem com seu culto religioso e suas opiniões especulativas outras doutrinas absolutamente destrutivas da sociedade em que vivem, como é evidente nos católicos romanos, que não são súditos de outro príncipe tirante o papa. Estes, portanto, mesclando tais opiniões com sua religião, reverenciando-as como verdades fundamentais e submetendo-se a elas como artigos de sua

fé, não deveriam ser tolerados pelo magistrado no exercício de sua religião, salvo se ele estiver seguro de que pode conceder uma parte sem disseminar a outra e de que essas opiniões não serão absorvidas e esposadas por todos os que comungam com eles no culto religioso – coisa, suponho eu, muito difícil de se fazer (*Ensaios políticos, Ensaio sobre a tolerância*, p. 181).

A partir dessa passagem, é de se supor que os católicos não deveriam mesmo ser tolerados. Convém observar, no entanto, que em vários momentos da *Carta*, inclusive em sua conclusão, Locke faz inúmeras referências abonadoras aos católicos, de modo a dar ensejo a pensar que eles devem ser tolerados. A título de ilustração, basta lembrar as menções à transubstanciação: mesmo sendo, aos olhos de Locke, uma doutrina falsa, não se deve buscar extirpá-la pela força. Ao que parece, talvez não seja equivocado dizer que há certa ambiguidade na *Carta* no que diz respeito à tolerância aos católicos. Devem eles ser tolerados, como era possível imaginar até o momento em que Locke delineia os limites da tolerância? Ou, ao contrário, é preciso lhes negar esse direito? Acerca dos muçulmanos, embora abertamente mencionados nessa seção da *Carta*, Locke afirmará em sua conclusão que devem ser tolerados: "nem os pagãos, da mesma forma que os maometanos ou os judeus, devem ser afastados do Estado por causa da religião". Não poderia ocorrer o mesmo com os católicos?

Pensando a partir da citação do *Ensaio sobre a tolerância* feita há pouco, não é de todo inconcebível que os católicos possam vir a desvencilhar suas crenças religiosas daquela segundo a qual deveriam prestar obediência ao papa em caso de conflito. Se isso ocorrer, por que razão não os tolerar? À parte essas considerações, convém lembrar ainda que o próprio Locke teve uma experiência interessante acerca da tolerância. Como escreveu em carta a Robert Boyle datada de dezembro de 1665 (cf. *Correspondência*, ed. de Beer, v. I, 175), em missão diplomática a Cleves, ele constatou que calvinistas, luteranos e católicos eram admitidos publicamente naquela cidade e que não se viam "disputas e animosidades entre eles por causa da religião". A convivência entre diferentes igrejas, inclusive a católica, não é nem inimaginável nem impraticável.

(4º) Não devem ser tolerados, por fim, os ateus. Como muitos em sua época, Locke pensa que quem nega a existência de Deus não é digno de confiança, porque a descrença na divindade solaparia o fundamento das promessas, pactos e juramentos, três tipos de vínculo sem os quais a

sociedade não conseguiria se manter. Segundo Locke, o ateísmo é uma espécie de afronta à razão, que é capaz de demonstrar, por meio de suas próprias forças (noutras palavras, sem o auxílio da revelação), a existência de Deus, como exposto no *Ensaio sobre o entendimento humano* (cf. *Ensaio*, IV.x). Mais do que isso, Locke considera que a moralidade, em última instância, está enraizada na existência de Deus, conhecimento sem o qual o ser humano seria incapaz de conceber as leis da natureza e de perceber a obrigação de respeitá-las: "sem a noção de um legislador, é impossível ter a noção de lei e da obrigação de observá-la" (*Ensaio*, I.iv.8). Todavia, ainda no século XVII, os ateus foram vistos de uma maneira mais abonadora. Numa longa obra intitulada *Pensamentos diversos sobre o cometa*, Pierre Bayle a certa altura defende abertamente que o ateísmo não está ligado à corrupção dos costumes e que a crença religiosa não é suficiente para garantir a correção moral, o que significa defender a tese de que ética e religião são independentes. Seja como for, ainda tratando dos ateus, Locke endossa sua posição por meio de um segundo argumento: só pode reivindicar a tolerância religiosa quem professa alguma religião. Ora, como os ateus não têm religião, que sentido pode haver em demandarem a tolerância religiosa para si mesmos?

7ª Seção: Assembleias

Resta que eu fale um pouco sobre as assembleias, que se acredita colocarem a maior dificuldade para a doutrina da tolerância, uma vez que...

Nessa seção da *Carta*, Locke trata das assembleias (em latim, *coetus*). Seu intuito é rebater a acusação de que elas seriam fonte de sedições e facções, o que colocaria em risco a paz da sociedade civil e justificaria que fossem proibidas. Basicamente, Locke argumenta que as assembleias religiosas não são perigosas em si mesmas, mas que o são apenas quando não há liberdade religiosa. Afinal, sendo submetidos à opressão, o que esperar dos partidários das religiões perseguidas senão que busquem um meio de se defender? Não mais havendo perseguição, as assembleias simplesmente deixariam de representar qualquer perigo. Em suma, como o próprio Locke afirma, as acusações que recaem sobre as assembleias cessariam, caso houvesse tolerância.

Acontece, entretanto, que a argumentação de Locke nessa seção da *Carta* é bastante densa, muito embora seu argumento central seja claro. A fim de defender a posição de que as assembleias não são perigosas,

Locke formula uma cadeia de objeções e respostas que, aparentemente, pode ser dividida em duas partes: a primeira formada pelas objeções e respostas 1 a 3, a segunda, pelas restantes.

Primeira objeção: as assembleias são uma ameaça à paz.

Primeira resposta: todos os dias ocorrem inúmeras assembleias na sociedade (nos mercados, nos tribunais, por exemplo), sem que ninguém as julgue perigosas.

Segunda objeção: todas essas assembleias são civis, não religiosas.

Segunda resposta: mas por que as assembleias religiosas, que são as mais distantes dos assuntos civis, seriam as mais ameaçadoras?

Terceira objeção: ora, as assembleias religiosas são mais ameaçadoras porque, ao contrário das outras, nelas todas as pessoas têm as mesmas opiniões.

Terceira resposta: mas por que o consenso sobre questões religiosas aumentaria o perigo de sedição? Quanto menor a liberdade, maior a tendência de os indivíduos terem opiniões concordantes.

Quarta objeção: as assembleias civis são abertas a todos, diferentemente das religiosas.

Quarta resposta: nem todas as assembleias civis estão abertas a todos; contudo, seja como for, as assembleias religiosas só são privadas porque foram proibidas de ser públicas.

Quinta objeção: mas o vínculo religioso, sendo o mais forte que as pessoas podem estabelecer, é por isso o mais perigoso.

Quinta resposta: se isso fosse verdade, o magistrado deveria proibir as assembleias de sua própria igreja, o que jamais aconteceu. Por que ele não teme a própria igreja?

Sexta objeção: o magistrado não teme as assembleias de sua igreja porque ele faz parte dela.

Sexta resposta: mas ele também faz parte do Estado e é dirigente de todas as pessoas. O magistrado não teme as assembleias da própria igreja porque a favorece e, assim, não tem razão para temer seus correligionários, que não possuem motivos para organizar uma sedição, tendo seus direitos respeitados.

Como se pode notar, toda a questão acerca do perigo das assembleias se encontra no contexto em que elas se realizam: liberdade ou perseguição? É natural que os indivíduos, quando perseguidos, tentem se libertar da opressão. Apenas nessas circunstâncias as assembleias podem ser perigosas, mas unicamente porque os indivíduos que nelas

se reúnem buscam em conjunto um meio de pôr fim à injustiça a que estão submetidos. Nos governos justos e moderados, há tranquilidade e segurança, já que ninguém precisa se defender do poder temporal. No manuscrito intitulado *Tolerância A*, redigido por volta de 1675, Locke já identificava a ausência de tolerância como causa de conturbações e, não raro, de guerra:

> O povo, por outro lado, vendo as maldades que sofre por cultuar Deus de acordo com a própria persuasão, ingressa em confederações e combinações para garantir segurança a si próprio, o melhor que pode, de modo que opressão e vexação de um lado, autodefesa e desejo de liberdade religiosa por outro, criam aversões, invejas, suspeitas e facções, que raramente deixam de irromper em franca perseguição e guerra aberta (*Ensaios políticos, Tolerância A*, p. 290).

Um experimento imaginativo proposto pelo próprio Locke demonstra com clareza como a questão central no debate sobre as assembleias não é a religião, mas a opressão. Suponha-se que pessoas de olhos claros passem a ser perseguidas e tenham determinados direitos civis violados. O que se pode esperar de tal perseguição? Ora, pode-se esperar que os oprimidos tentem juntar forças para se livrar da opressão, independentemente da religião que professem. Sob essas circunstâncias, as assembleias das pessoas de olhos claros certamente poderão dar origem a alguma sedição. Sendo assim, pode-se concluir que as assembleias não são perigosas em si mesmas; o que as torna perigosas é a ausência de liberdade, é a perseguição a um grupo específico de pessoas, seja ele o dos chamados dissidentes religiosos, seja o dos portadores de determinadas características físicas. É impossível que haja perseguição e que os perseguidos não tentem resistir e se defender.

Refletindo sobre o mesmo problema, Locke ainda afirma que, caso haja liberdade religiosa, todos os partidários de religiões diferentes da do magistrado terão interesse em manter a paz. Sendo tolerados e podendo viver satisfatoriamente, por que essas pessoas haveriam de se contrapor ao governo civil por razões religiosas? Se lhes é facultada a possibilidade de professar a religião que desejam, se estão submetidas às mesmas leis que todas as outras pessoas, por que haveriam de desejar atacar o governo que as protege e garante seus direitos? Evidentemente, nesse contexto, ataques e sedições perdem todo sentido.

8ª Seção: Conclusão

Para que cheguemos, enfim, a uma conclusão, reivindicamos os direitos concedidos aos outros cidadãos.

A conclusão da *Carta* reitera o ponto central da argumentação de Locke: a distinção entre os fins do Estado e da Igreja. Apenas quando houver essa distinção poderá haver paz, pois só assim será possível assegurar a liberdade individual e, por conseguinte, a diversidade de crenças.

Essencialmente, Locke reafirma que todas as coisas que são permitidas pela lei na sociedade civil também devem ser permitidas nas sociedades religiosas e que as diferentes igrejas, desde que não afetem os bens civis dos indivíduos ou ameacem a paz, devem ser toleradas. Locke defende ainda que judeus, muçulmanos e pagãos tenham direito de professar suas religiões, o que, aliás, aumenta significativamente o escopo da *Carta*, cujo ponto de partida era a tolerância entre cristãos. Note-se ainda que Locke, mesmo tendo mencionado os muçulmanos ao tratar das crenças práticas intoleráveis, agora afirma que eles devem ser tolerados, ao lado dos pagãos e judeus. Por que permitir que, enquanto membros da sociedade civil, eles desenvolvam diferentes ocupações laborais, façam comércio, detenham propriedades, mas impedir que professem as religiões em que acreditam? Se isso não prejudica ninguém, que mal pode haver? Nem o Evangelho nem a Igreja (a julgar por *1 Cor* 5:12-13, a que Locke faz referência) autoriza a exclusão desses três grupos religiosos, e, além disso, a própria sociedade só tem a ganhar, quando incorpora membros honestos e pacíficos, seja de que religião forem.

O grande obstáculo à liberdade religiosa encontra-se no desejo de impor uniformidade à sociedade civil, fazendo com que todos tenham as mesmas crenças. Como Locke afirma com toda clareza, a origem das guerras e disputas que perturbavam inúmeros países não reside na diversidade (que é inevitável), mas na intolerância com as opiniões diferentes. Como se sabe, esse impulso pela uniformidade é deletério, porque instaura uma perseguição a todas as religiões tidas como heterodoxas e, ao mesmo tempo, incita os indivíduos perseguidos a se organizarem a fim de se defender dessa coerção ilegítima, o que pode gerar sedições e, em última instância, levar à guerra civil. Ninguém deve ser punido por sua religião, mas apenas pelos crimes que, porventura, venha a cometer. Por causa disso, frente à opressão, é de se esperar que os indivíduos pensem ser lícito empregar a força

contra a força. Tal como fizera no *Segundo tratado sobre o governo* (§ 232), mencionado anteriormente, também na *Carta* Locke reconhece o direito de rebelião (ou resistência ativa).

Não bastasse a conturbação social que o impulso pela uniformidade produz, a busca pela unanimidade de opiniões pressupõe que se consiga conhecer qual igreja detém a verdade – tarefa impossível. É mais prudente, portanto, assumir o princípio de que cada um é ortodoxo para si mesmo e garantir a todos a liberdade, desde que sejam respeitadas as leis civis formuladas com vistas ao bem público. Sendo assim, por que não conceder aos que são tidos como heterodoxos os mesmos direitos que competem a todos os outros cidadãos? Se algum indivíduo perturba a sociedade civil, ele deve ser punido independentemente da religião que professar ou da igreja de que fizer parte. Do mesmo modo, se um indivíduo não causa dano algum à sociedade ao professar sua fé, por que lhe negar direitos simplesmente por ser diferente dos outros quanto à religião?

Locke também reitera a importância de os clérigos defenderem abertamente a tolerância (coisa que, vale lembrar, é um dever para eles) e não inflarem os impulsos belicosos, os quais revelam um desejo de domínio inevitavelmente avesso ao espírito do cristianismo e contrário à pregação do Príncipe da Paz. Além disso, os clérigos não devem se curvar ao poder temporal, aproximando-se de magistrados e príncipes para lhes fornecer apoio político ou outras vantagens escusas em troca da perseguição às demais igrejas, tidas como heterodoxas. Mais uma vez, Locke critica de maneira aguda o conluio entre os clérigos e os poderosos, destacando, por um lado, a subserviência de clérigos que bajulam os poderosos a fim de se manterem próximos ao poder civil e, por outro, o oportunismo de príncipes e magistrados que têm seu poder chancelado por uma igreja em troca da perseguição a todas as outras. Numa situação como essa, nem o magistrado age em benefício do bem público, nem os clérigos, em prol da salvação das almas.

Ao final da *Carta*, talvez por reconhecer que, com muita frequência, o magistrado e as igrejas não respeitam suas jurisdições, Locke reitera as diferentes finalidades do Estado e da Igreja, sustentando não apenas que os magistrados e os clérigos devem se ater às atribuições que lhes cabem, mas também que, caso isso não ocorra, serão corrompidas tanto a legitimidade do poder temporal quanto a mensagem caritativa e salvadora do cristianismo.

9ª Seção: *Post scriptum*

Talvez não esteja fora de lugar acrescentar aqui algo sobre a heresia e sobre o cisma...

Nessa seção, a que Locke não deu nenhum título, mas que pode perfeitamente ser chamada de *post scriptum*, como fez Popple, o objetivo é definir as noções de heresia e cisma. Para tanto, Locke esclarece logo de início que, com relação uns aos outros, os membros de religiões diferentes não são hereges nem cismáticos. Um cristão que adere ao islamismo pode ser chamado de infiel ou apóstata, jamais de herege ou cismático, pois esses dois conceitos se aplicam propriamente apenas a membros de uma mesma religião.

Locke considera que pertencem à mesma religião as pessoas que adotam a mesma regra de fé e culto. Assim, é óbvio que um muçulmano e um cristão professam religiões diferentes: num caso, a regra de fé é a Bíblia; no outro, o Alcorão. Todavia, pelo mesmo critério, alguns cristãos não se enquadram na mesma religião, como é o caso dos católicos e luteranos, tal como o próprio Locke exemplifica. Embora todos sejam cristãos, por acreditarem em Cristo, eles não se enquadram numa mesma religião, porque possuem diferentes regras de fé: os luteranos, somente a Bíblia; os católicos, além dela, a tradição e os decretos papais. Em termos mais precisos, seguindo à risca o texto latino da *Carta*, há que se reconhecer que existem diferentes religiões "sob o nome de cristãs". Feita essa observação inicial, é então possível compreender o que é a heresia.

Em seu sentido mais geral, heresia denomina a separação, no seio de uma igreja, decorrente de doutrinas que não estão contidas na regra de fé. Em seu sentido mais específico, que representa a aplicação da definição geral a quem reconhece a Bíblia como regra de fé, a heresia é a separação, dentro de uma comunidade cristã, proveniente de crenças que não se encontram claramente no livro sagrado. A ruptura provocada pela heresia pode se dar de duas maneiras: ou quando a maioria se separa da parte da igreja considerada herética por não professar certas crenças ou quando alguém se aparta da comunidade eclesiástica por defender doutrinas que, segundo a igreja, não se encontrariam claramente na Sagrada Escritura.

Para Locke, existem algumas proposições em tamanha conformidade com a Sagrada Escritura que só podem ter sido extraídas dela. Essas proposições são incontestáveis, fundamentais. O debate sobre heresia,

portanto, gira em torno de outras proposições, as que correspondem a crenças que, tidas como adicionais, até podem ser condignas do livro sagrado, mas não se encontram claramente nele e, por isso, não são necessárias. A esse respeito, convém notar a quádrupla ocorrência, nas poucas páginas do *post scriptum*, da fórmula *disertis verbis*: "em palavras expressas", "em termos claros", "expressamente", a depender da tradução. Como se vê, Locke considera que a revelação possui um núcleo fundamental, claro e inquestionável, acerca do qual deveria haver concordância, ou seja, que há certas proposições "tão evidentemente condizentes com a Sagrada Escritura" que é impossível duvidar que se sigam dela. O uso de *evidenter*, advérbio fortíssimo, não deve surpreender: ele prenuncia uma compreensão do cristianismo, desenvolvida por Locke em 1695, na obra *A razoabilidade do cristianismo*, que reduz ao mínimo as crenças a que alguém deveria aderir para se tornar cristão. Nesse modo de compreender a religião cristã, residia a expectativa de que as controvérsias entre os fiéis se restringissem bastante, quem sabe até se extinguissem, caso o consenso sobre o fundamental fosse efetivamente obtido, consenso esse, entretanto, jamais alcançado.

Ainda tratando da heresia, Locke levanta outros dois pontos importantes.

Em primeiro lugar, ele critica a pretensão de quem se julga divinamente inspirado, dizendo que ninguém seria insano o suficiente para equiparar suas próprias interpretações à autoridade da Sagrada Escritura. Trata-se, no entanto, de um tema bastante delicado sobre o qual Locke já havia refletido, como comprova o manuscrito *Entusiasmo*, de 19 de fevereiro de 1682, tema ao qual ele haveria de dedicar um capítulo inteiro, "Do entusiasmo", num acréscimo à quarta edição do *Ensaio sobre o entendimento humano*, publicada em 1700 (cf. *Ensaio*, IV.xix).

Em segundo lugar, Locke retoma o argumento da reciprocidade, empregando-o para questionar aqueles que buscam impor aos outros artigos de fé que lhes parecem necessários, supostamente deduzidos da Sagrada Escritura ou análogos (isto é, conformes) a ela. Luteranos, calvinistas, remonstrantes, anabatistas, cada um deles acredita que suas doutrinas estão de acordo com a regra de fé, e, portanto, todos teriam o direito de coagir os outros, o que é inaceitável.

Se a heresia diz respeito às doutrinas, o cisma está relacionado ao culto e à disciplina. O cisma é uma separação feita na comunidade eclesiástica por razões cerimoniais ou disciplinares. Locke acredita que

só é necessário para o culto divino e a disciplina eclesiástica aquilo que Cristo ou os apóstolos ensinaram. Sua posição sobre o cisma é semelhante àquela sobre a heresia: num caso e no outro, trata-se de uma separação ocasionada por algo não necessário, algo que não está contido expressamente na Sagrada Escritura.

Como se pode perceber, Locke acredita que há um núcleo bastante claro na Palavra de Deus, composto por certas doutrinas e cultos que ninguém poderia ousar negar. Entretanto, Locke fecha o *post scriptum* sem explicitar quais doutrinas e cultos seriam esses, mas se justifica dizendo que os apontamentos gerais feitos por ele são suficientes, dado o discernimento do destinatário da *Carta*, seu amigo e teólogo Philip van Limborch.

Comentário ao prefácio
de William Popple

A *Carta sobre a tolerância* se dirigia a leitores de toda a Europa. É por isso que Locke a escreveu em latim e não entrou em pormenores acerca da política inglesa. Ao traduzi-la para o inglês, porém, Popple buscou adaptá-la ao cenário político da Inglaterra, seja alterando algumas passagens do original, seja antepondo ao texto um prefácio.

No seu curto prefácio, Popple realiza uma avaliação panorâmica dos conflitos pelos quais a Inglaterra passava e apresenta, certamente de maneira apaixonada, o que seria, segundo ele, o remédio para uma cura completa: a liberdade absoluta. A seus olhos, a caracterização da situação política inglesa parece se resumir ao seguinte: muito se debatia a respeito da tolerância, mas todos os envolvidos, seja o governo, sejam os dissidentes, eram parciais em suas posições. Os dissidentes, por um lado, porque reivindicavam seus direitos a partir de princípios pouco abrangentes. O governo, por outro, ou porque buscava atenuar as restrições e sanções que lhes eram aplicadas, mas sempre de maneira insuficiente, ou porque tentava sem sucesso ampliar as fronteiras da Igreja Anglicana (daí a referência às "Declarações de Indulgência" e às "Leis de Compreensão"). A solução para tanto, pensa Popple, exigia uma medida mais enérgica (ou remédios mais fortes, *more generous remedies*, para usar sua metáfora), que só poderia ser a liberdade entendida como justa e livre, igual e imparcial ou, em síntese, como liberdade absoluta.

Essa liberdade advogada por Popple, nos termos que ele empregou, pode gerar certo estranhamento, pois Locke estabelece limites claros para a tolerância, que, para ele, nunca deveria ser irrestrita. Uma liberdade

absoluta soa, a um primeiro olhar, como licenciosidade, a possibilidade de cada um fazer o que lhe aprouver, a julgar pela crítica a R. Filmer (*c.* 1588-1653) no *Segundo tratado sobre o governo* (§§ 6, 22, 57). Para Locke, mesmo no estado de natureza, a liberdade não é absoluta: tal como na sociedade civil há as leis positivas, no estado de natureza há as leis da natureza. Contudo, a fim de compreender o que essa liberdade realmente significa, ao menos para Locke, é preciso recorrer à definição elaborada no *Ensaio sobre o entendimento humano*, quando, ao se abordar a extensão do conhecimento, é apresentado um exemplo de teor político para ilustrar a percepção do acordo e desacordo na relação entre ideias:

> O mesmo [isto é, a mesma certeza] se aplica à proposição *nenhum governo permite liberdade absoluta*. A *ideia* de governo é o estabelecimento da sociedade em certas regras ou leis que requerem conformidade a elas; a *ideia* de liberdade absoluta é qualquer um poder agir como quiser. Sou tão capaz de estar certo da verdade dessa proposição como de qualquer outra na matemática (*Ensaio sobre o entendimento humano*, IV.iii.18).

Nessa passagem, o objetivo de Locke é demonstrar o desacordo entre as ideias de governo e liberdade absoluta. Como se pode notar a partir de suas definições, essas duas ideias são completamente incompatíveis, pois, se o estabelecimento da sociedade exige que existam leis e que elas sejam seguidas, não é possível que os indivíduos façam o que quiserem. Consequentemente, a proposição "nenhum governo permite liberdade absoluta" é certa e se enquadra na categoria de conhecimento (em oposição à de crença ou opinião, que tem caráter probabilístico); sua verdade é, por isso, tão segura quanto a de qualquer asserção matemática demonstrada. Seja como for, mais do que compreender a posição de Locke sobre as noções de certeza e probabilidade, o que interessa aqui é perceber a coerência de seu pensamento acerca da sociedade civil, ou seja, perceber como a defesa da tolerância não é e não pode ser a defesa da liberdade absoluta.

Essas considerações são importantes, porque em várias edições, sobretudo inglesas, o autor do prefácio não era identificado, e presumia-se, inevitavelmente, que era o mesmo da *Carta*. Thomas Long (1621-1707), por exemplo, o primeiro crítico da *Carta*, atribuiu a seu autor a noção de liberdade absoluta. Ao que tudo indica, entretanto, Popple está muito longe de defender a liberdade de cada um fazer o que quiser.

No contexto em que ele exalta a "liberdade absoluta", essa expressão parece não significar nada mais que uma tolerância religiosa mais ampla do que aquela que o governo inglês estava disposto a conceder. Aos olhos de Popple, mas também de Locke, a célebre Lei da Tolerância de 24 de maio de 1689, que é um desdobramento das discussões sobre compreensão e indulgência, representava um avanço muito tímido, já que não contemplava todos os dissidentes, como os antitrinitários, e mantinha algumas restrições aos não conformistas.

Por fim, ainda no que diz respeito ao prefácio, cabe apenas analisar a referência às traduções holandesa e francesa da *Carta*, que, considerando a data de publicação da primeira edição da tradução de Popple, teriam de estar concluídas ainda no ano de 1689. A verdade é que nunca se encontrou exemplares de nenhuma delas, o que levanta suspeitas sobre sua existência. No entanto, no caso da tradução holandesa, há menções a ela na correspondência de Locke e, o que é crucial, sabe-se que Limborch chegou a lhe enviar um exemplar (cf. *Correspondência*, ed. de Beer, v. III, 1184). Além disso, o editor de uma coletânea sobre tolerância publicada em Amsterdã em 1734, que se inicia com a *Carta*, alude a uma edição holandesa anterior, publicada pouco depois da original latina, mas que àquela altura já estava completamente esgotada. Já a referência à tradução francesa parece se justificar por um projeto de tradução do pastor huguenote Charles Le Cène que, não se sabe o porquê, ficou inconcluso (cf. *Correspondência*, ed. de Beer, v. III, 1158, 1178, 1184), mas do qual Popple deve ter ouvido falar. Na resenha da *Carta* na *Bibliothèque Universelle & Historique* (1689, t. XV, p. 412), feita a partir do original latino, observa-se que traduções para o inglês e holandês haviam sido publicadas e que "talvez o livro será visto ainda em francês". A primeira publicação da *Carta* em francês acabaria ocorrendo em 1710, em Roterdã, nas *Œuvres diverses de Monsieur Jean Locke*.

Bibliografia comentada

Edições críticas da *Carta sobre a tolerância*

LOCKE, J. *Epistola de Tolerantia*. Latin text edited with a preface by R. Klibansky. English translation with introduction and notes by J. W. Gough. Oxford: Clarendon Press, 1968. (Philosophy and World Community).

LOCKE, J. *A Letter Concerning Toleration*. Latin and English texts revised and edited with variants and an introduction by M. Montuori. The Hague: Martinus Nijhoff, 1963.

Traduções da *Carta sobre a tolerância*

LOCKE, J. *A Letter Concerning Toleration*. Edited and introduced by J. Tully. Indianapolis: Hackett, 1983.

LOCKE, J. *A Letter Concerning Toleration and Other Writings*. Edited with an Introduction by M. Goldie. Indianapolis: Liberty Fund, 2010.

LOCKE, J. *Locke on Toleration*. Edited and introduced by R. Vernon. Translated by M. Silverthorne. Cambridge: Cambridge University Press, 2010.

LOCKE, J. *Carta a respeito da tolerância*. Tradução de E. J. Monteiro. São Paulo: IBRASA, 1964.

LOCKE, J. *Carta acerca da tolerância*. Tradução de A. Aiex. 2. ed. São Paulo: Abril Cultural, 1978. (Os Pensadores).

LOCKE, J. *Carta sobre a tolerância*. Tradução de J. S. Gama, revista por A. Mourão. Lisboa: Edições 70, 1987.

LOCKE, J. Carta sobre a tolerância. In: *Segundo tratado sobre o governo civil e outros escritos* Tradução de M. Lopes e M. L. da Costa. 3. ed. Petrópolis: Vozes, 2001. p. 235-289.

LOCKE, J. *Cartas sobre a tolerância*. Tradução de J. B. D. Rangel. Prefácio e Introdução traduzidos de *Lettre sur la tolérance* (2ᵉ ed. Paris: PUF, 1999) por F. D. Andrade. São Paulo: Ícone, 2004.

LOCKE, J. *Carta sobre a tolerância*. Tradução de A. R. T. Brito. São Paulo: Hedra, 2007.

LOCKE, J. *Lettre sur la tolérance*. 3ᵉ ed. Édition critique et préface par R. Klibansky. Traduction et introdution par R. Polin. Paris: Quadrige-PUF, 2006. (Philosophie et Communauté Mondiale).

LOCKE, J. *Lettre sur la tolérance et autres textes*. Traduit par J. Le Clerc et J.-F. Spitz. Introduction, bibliographie, chronologie et notes par J.-F. Spitz (ed. revue et augmentée). Paris: Flammarion, 2007.

LOCKE, J. *John Locke: Scritti editi e inediti sulla tolleranza*. A cura di C. A. Viano. Torino: Taylor, 1961.

LOCKE, J. *Scritti sulla tolleranza*. A cura di D. Marconi. Torino: Unione Tipografico-Editrice Torinese, 1977.

*** *Existem inúmeras traduções da* Carta, *que já em 1689, ano de sua publicação, circulava em latim, inglês e holandês. Evidentemente, essa pequena lista apresentada aqui não é exaustiva, apenas indicativa das publicações que foram consultadas. Todas as traduções em língua portuguesa foram feitas a partir da tradução de Popple, mais precisamente de sua primeira edição, datada de 1689, exceto a de Aiex, baseada na de Gough, e a de J. S. Gama, que se baseou no texto latino editado por Klibansky, embora siga com certa frequência a tradução de Polin. A edição publicada pela Ícone Editora contém os excelentes prefácio e introdução redigidos, respectivamente, por Klibansky e Polin, mas a tradução das quatro* Cartas *de Locke é, infelizmente, insatisfatória.*

Obras de Locke

ATTIG, J. C. *The Works of John Locke: A Comprehensive Bibliography from the Seventeenth Century to the Present*. Westport: Greenwood Press, 1985. (Bibliography and Indexes in Philosophy, 1).

CHRISTOPHERSEN, H. O. *A Bibliographical Introduction to the Study of John Locke*. New York: Burt Franklin, 1968 [1930].

GOLDIE, M. A Summary Bibliography of Locke's Works. In: SAVONIUS-WROTH, S. J.; SCHUURMAN, P.; WALMSLEY, J. (Ed.). *The Continuum Companion to Locke*. London: Continuum, 2010. p. 42-46.

LOCKE, J. *Two Tracts on Government*. Edited by P. Adrams. Cambridge: Cambridge University Press, 1967.

LOCKE, J. *Essays on the Law of Nature*. Edited by W. von Leyden. Oxford: Clarendon Press, 1954.

LOCKE, J. *An Essay Concerning Toleration and Other Writings on Law and Politics, 1667-1683*. Edited by J. R. Milton and P. Milton. Oxford: Clarendon Press, 2010.

LOCKE, J. *Drafts for the* Essay Concerning Human Understanding *and Other Philosophical Writings*. Edited by P. Nidditch and G. A. J. Rogers. Oxford: Clarendon Press, 1990. v. 1: Drafts A and B.

LOCKE, J. *John Locke as Translator: Three of the* Essais *of Pierre Nicole in French and English*. Edited by J. S. Yolton. Oxford: Voltaire Foundation, 2000.

LOCKE, J. *Defence of Nonconformity*. Transcription by T. Stanton. In: STANTON, T. *John Locke, Edward Stillingfleet and Toleration*. 2003. Thesis (Ph.D.) – University of Leicester, Leicester, 2003. p. 1-216.

LOCKE, J. *An Essay Concerning Human Understanding*. Edited by P. Nidditch. Oxford: Clarendon Press, 2011.

LOCKE, J. *Ensaio acerca do entendimento humano* [tradução parcial]. Tradução de A. Aiex. 2. ed. São Paulo: Abril Cultural, 1978. (Os Pensadores).

LOCKE, J. *Ensaio sobre o entendimento humano*. Tradução de E. A. Soveral. Lisboa: Fundação Calouste Gulbenkian, 1999. v. I-II.

LOCKE, J. *Ensaio sobre o entendimento humano*. Tradução de P. P. G. Pimenta. São Paulo: Martins Fontes, 2012.

LOCKE, J. *Two Treatises of Government*. Edited by P. Laslett. 26th ed. Cambridge: Cambridge University Press, 2015.

LOCKE, J. *Dois tratados sobre o governo*. 2. ed. Tradução de J. Fischer. São Paulo: Martins Fontes, 2005.

LOCKE, J. *Locke on Money*. Edited by P. H. Kelly. Oxford: Clarendon Press, 1991. v. I-II.

LOCKE, J. *Considerações sobre as consequências da redução do juro*. Tradução, introdução e notas de W. R. P. Paixão. São Paulo: Humanitas, 2005.

LOCKE, J. *Some Thoughts Concerning Education*. Edited by J. W. Yolton and J. S. Yolton. Oxford: Clarendon Press, 1989.

LOCKE, J. *The Reasonableness of Christianity*. Edited by J. C. Higgins-Biddle. Oxford: Clarendon Press, 1999.

LOCKE, J. *Vindications of the Reasonableness of Christianity*. Edited by V. Nuovo. Oxford: Clarendon Press, 2012.

LOCKE, J. *Paraphrase and Notes on the Epistles of Saint Paul*. Edited by A. W. Wainright. Oxford: Clarendon Press, 1987. v. I-II.

LOCKE, J. *Of the Conduct of the Understanding*. Edited with general introduction, historical and philosophical notes and critical apparatus by P. Schuurman In: SCHUURMAN, P. *Of the Conduct of the Understanding*. 2000. Thesis (Ph.D) – University of Keele, Keele, 2000. p. 149-258

LOCKE, J. Um discurso sobre milagres. Tradução de S. Silva. In: SANTOS, A. C. (Org.). *O outro como problema: o surgimento da tolerância na modernidade*. São Paulo: Alameda, 2010. p. 91-102.

LOCKE, J. *John Locke: Political Essays*. Edited by M. Goldie. Cambridge: Cambridge University Press, 2002.

LOCKE, J. *John Locke: ensaios políticos*. Tradução de E. Ostrensky. São Paulo: Martins Fontes, 2007.

LOCKE, J. *The Correspondence of John Locke*. Edited by E. S. de Beer. Oxford: Clarendon Press, 1976-1989. v. I-VIII.

LOCKE, J. *John Locke: Selected Correspondence*. Edited by M. Goldie, from the Clarendon Edition by E. S. de Beer. Oxford: Oxford University Press, 2007.

LOCKE, J. *The Works of John Locke*. A new edition, corrected. London, 1823. 10 v.

LOCKE, J. *The Works of John Locke*. 12th ed. London, 1824. 9 v.

YOLTON, J. S. *John Locke: A Descriptive Bibliography* Bristol: Thoemmes Press, 1998.

*** *Locke escreveu muito, e uma parte de seus escritos permanece inédita ou carente de edição crítica. Afora alguns volumes publicados pela Cambridge University Press, sem dúvida alguma as melhores edições de seus textos se encontram na Clarendon Press, Oxford. Há também edições feitas no século XIX que são acessíveis e, em alguns casos, muito úteis, como a de 1823, em 10 volumes, e a de 1824, em 9. A listagem apresentada aqui não é exaustiva, mas contém as obras centrais relativas à filosofia e à teologia. Para uma visão de conjunto da obra de Locke, ao menos do que já foi publicado, é muito útil o sumário bibliográfico feito por Goldie no ótimo compêndio editado por Savonius-Wroth, Schuurman e Walmsley. Para detalhes bibliográficos e uma contextualização introdutória das publicações, vale conferir os livros de Yolton, Christophersen e Attig. Em português, a maioria das traduções de Locke se volta para seus escritos políticos e epistemológicos, mas vale destacar aqui a publicação das* Considerações sobre as consequências da redução do juro *e de* Um discurso sobre milagres. *A compilação de Goldie,* Ensaios políticos, *traduzida por E. Ostrensky, engloba uma série de títulos importantes, como os* Dois opúsculos sobre o governo, *os* Ensaios sobre a lei da natureza *e o* Ensaio sobre a tolerância.

Sobre os manuscritos e a biblioteca de Locke

HARRISON, J., LASLETT, P. *The Library of John Locke*. 2nd ed. Oxford: Clarendon Press, 1971.

LASLETT, P. The Recovery of Locke's Library. In: ROGERS, G. A. J.; TOMASELLI, S. (Ed.). *The Philosophical Canon in the 17th and 18th Centuries: Essays in Honour of John W. Yolton*. Rochester: University of Rochester Press, 1996. p. 67-82.

LOCKE, J. Will. In: *The Correspondence of John Locke*. Edited by E. S. de Beer. Oxford: Clarendon Press, 1989. v. VIII. p. 419-427.

LONG, P. *A Summary Catalogue of the Lovelace Collection of the Papers of John Locke in the Bodleian Library* (New Series, v. 8, 1956). Oxford: Oxford Bibliographical Society Publications, 1959.

LONG, P. The Mellon Donation of Additional MSS of John Locke from the Lovelace Collection. *The Bodleian Library Record*, v. 7, n. 4, p. 185-193, 1964.

SCHANKULA, H. A Summary Catalogue of the Philosophical Manuscript Papers of John Locke. *The Bodleian Library Record*, v. 9, n. 1, p. 24-35, 1973.

SCHANKULA, H. A Summary Catalogue of the Philosophical Manuscript Papers of John Locke: Additions and Corrections. *The Bodleian Library Record*, v. 9, n. 2, p. 81-82, 1974.

VON LEYDEN, W. Introduction. In: LOCKE, J. *Essays on the Law of Nature*. Edited by W. von Leyden. Oxford: Clarendon Press, 1954. p. 1-7.

*** *O testamento de Locke está datado de 11 de abril de 1704 e, em 15 de setembro, recebeu o acréscimo de um codicilo. Locke morreu poucas semanas depois, em 28 de outubro, deixando um legado importante, além dos bens materiais e da herança pecuniária: um grande conjunto de manuscritos e uma biblioteca de mais de três mil volumes. Os manuscritos ficaram sob a responsabilidade de Peter King (1669-1734), seu primo de segundo grau e executor testamentário. Afora alguns títulos publicados nas Obras póstumas, de 1706, e outros escritos publicados no século XIX e começo do XX, conforme indicado por Von Leyden, o restante do material permaneceu inédito e foi passado ao longo das gerações familiares até que, em 1942, o Conde de Lovelace apresentou os manuscritos para a Universidade de Oxford, que os adquiriu em 1947 (Locke nunca possuiu nenhum título nobiliárquico, mas Peter King tornou-se barão em 1725, e, em 1838, o baronato foi elevado a condado). Constituiu-se assim*

a Coleção Lovelace da Biblioteca Bodleian, em Oxford, à qual mais tarde se somaram outros manuscritos. Entre 1704 e 1942, no entanto, parte do material deixado por Locke seguiu outros caminhos, e por isso se encontra alhures, como no Museu Britânico, em Londres, ou na Biblioteca Pierpont Morgan, em Nova York. Seja como for, o catálogo feito por Long (complementado alguns anos depois) é bastante abrangente. O catálogo elaborado por Schankula, por sua vez, concentra-se nos escritos de natureza filosófica. Quanto aos seus mais de três mil livros, Locke destinou alguns poucos volumes a seu amigo Anthony Collins (1676-1729) e a Damaris Masham (1659-1708), e a parte substantiva de sua biblioteca foi dividida ao meio, ainda segundo suas indicações testamentárias, entre Peter King e Francis Cudworth Masham (1686-1731) (filho de Damaris Masham e Francis Masham (1645-1722), em cuja residência Locke passou a viver a partir de 1691, quase dois anos depois de voltar do exílio na Holanda). A metade herdada por Francis C. Masham se dispersou, mas aquela que ficou com Peter King foi em boa parte preservada (cerca de dois terços). Graças a listas feitas pelo próprio Locke e a alguns outros documentos, Harrison e Laslett fizeram um inventário do seu acervo.

Obras de Proast

PROAST, J. *The Argument of the* Letter Concerning Toleration *Briefly Consider'd and Answer'd*. Printed at the Theatre, for George West and Henry Clements, Booksellers in Oxford, 1690.

PROAST, J. *A Third Letter Concerning Toleration: In Defense of the* Argument of the *Letter Concerning Toleration* Briefly Consider'd and Answer'd. Printed by L. Lichfield for George West and Henry Clements, Oxford, 1691.

PROAST, J. *A Second Letter to the Author of the Three Letters for Toleration from the Author of the* Argument of the *Letter concerning Toleration* Briefly Consider'd and Answer'd *and of the* Defense of it *with a Postscript Taking some Notice of the two Passages in* The Rights of the Protestant Dissenters. Printed by L. Lichfield for Hen. Clements Bookseller, Oxford, 1704.

PROAST, J. The Argument of the *Letter Concerning Toleration* Briefly Consider'd and Answer'd; A Third Letter Concerning Toleration; A Second Letter. In: GOLDIE, M. (Ed.). *The Reception of Locke's Politics.* London: Pickering & Chatto, 1999. v. 5: The Church, Dissent and Religious Toleration, 1689-1773. p. 23-128.

PROAST, J. The Argument of the *Letter Concerning Toleration* Briefly Consider'd and Answer'd; A Third Letter for Toleration; A Second Letter

[selection]. In: VERNON, R. (Ed.). *Locke on Toleration* Translation of *A Letter Concerning Toleration* by M. Silverthorne. Cambridge: Cambridge University Press, 2010. p. 54-66, 108-122, 164-169.

★★★ Proast foi o mais importante crítico de Locke acerca da tolerância. Nos primeiros anos que se seguiram à publicação da Carta, a controvérsia entre eles foi bastante intensa, mas arrefeceu depois da longa Terceira carta sobre a tolerância de Locke. Em 1704, entretanto, Proast reavivou o debate com uma nova publicação confusamente intitulada Segunda carta. Locke chegou a iniciar sua resposta, e nela trabalhou até dois meses antes de morrer, mas não chegou a concluí-la. Assim como outras obras inglesas do século XVII, os livros de Proast estão disponíveis na plataforma Early English Books Online (EEBO). Das edições contemporâneas de suas obras, o volume organizado por Goldie é o mais completo.

Locke e a tolerância

CRANSTON, M. John Locke and the Case for Toleration. In: MENDUS, S.; EDWARDS, D. (Ed.). *On Toleration*. Oxford: Clarendon Press, 1987. p. 101-121.

GOLDIE, M. The Theory of Religious Intolerance in Restoration England. In: GRELL, O. P.; ISRAEL, J. I.; TYACHE, N. (Ed.). *From Persecution to Toleration: The Glorious Revolution and Religion in England*. Oxford: Clarendon University Press, 1991. p. 331-368.

GOLDIE, M. John Locke, Jonas Proast and Religious Toleration, 1688-1692. In: WALSH, J.; HAYDON, C.; TAYLOR, S. (Ed.). *The Church of England c. 1688-c. 1833*. Cambridge: Cambridge University Press, 1993. p. 143-171.

GOUGH, J. W. The Development of Locke's Belief in Toleration. In: *John Locke's Political Philosophy*. 2nd ed. Oxford: Clarendon Press, 1973. p. 193-220.

HARRIS, I. John Locke and Natural Law: Free Worship and Toleration. In: PARKIN, J.; STANTON, T. (Ed.). *Natural Law and Toleration in the Early Enlightenment*. Oxford: Oxford University Press, 2013. p. 59-105. (Proceedings of the British Academy, n. 186).

JOLLEY, N. *Toleration & Understanding in Locke*. Oxford: Oxford University Press, 2016.

NICHOLSON, P. John Locke's Later Letters on Toleration. In: HORTON, J.; MENDUS, S. (Ed.). *John Locke: A Letter Concerning Toleration in Focus*. New York: Routledge, 1991. p. 163-187.

SCHOCHET, G. J. John Locke and Religious Toleration. In: SCHWO-ERER, L. G. (Ed.). *The Revolution of 1688-1689: Changing Perspectives.* Cambridge: Cambridge University Press, 1992. p. 147-164.

SPITZ, J.-F. Quelques difficultés de la théorie lockienne de la tolérance. In: ZARKA, Y. C.; LESSAY, F.; ROGERS, J. (Ed.). *Les fondements philosophiques de la tolérance.* Paris: PUF, 2002. Tome I: Études. p. 114-150.

STANTON, T. Locke and the Politics and Theology of Toleration. *Political Studies*, v. 54, p. 84-102, 2006.

TATE, J. W. *Liberty, Toleration and Equality: John Locke, Jonas Proast and the Letters Concerning Toleration.* New York: Routledge, 2016.

VERNON, R. *The Career of Toleration: John Locke, Jonas Proast and After.* Montreal: McGill Queen's University Press, 1997.

WALDRON, J. Locke: Toleration and the Rationality of Persecution. In: MENDUS, S. (Ed.). *Justifying Toleration: Conceptual and Historical Perspectives.* Cambridge: Cambridge University Press, 1988. p. 61-86.

WOLFSON, A. *Persecution and Toleration: An Explanation of the Locke-Proast Quarrel, 1689-1704.* New York: Lexington Books, 2010.

WOOTTON, D. Introduction. In: LOCKE, J. *Political Writings.* Indianapolis: Hackett, 1993. p. 5-122.

ZAGORIN, P. *How the Idea of Religious Toleration Came to the West.* Princeton: Princeton University Press, 2003.

*** *A tolerância em Locke é um tema clássico na história da filosofia, e a bibliografia a seu respeito é longa e variada, sobretudo quando se contabilizam os estudos sobre política que lhe dedicam algumas páginas. Por causa disso, apontam-se aqui apenas as referências que, embora nem sempre introdutórias, oferecem elementos historiográficos e conceituais para uma boa apreensão da Carta. Nesse sentido, convém inicialmente destacar os artigos de Gough, Cranston e Schochet, que são panorâmicos tanto no sentido de abarcar várias obras de Locke como no de mencionar eventos centrais da história inglesa. O livro de Zagorin, que é uma introdução geral à noção de tolerância religiosa nos séculos XVI e XVII, contém um capítulo muito bom dedicado a Locke e a Bayle. Tratando especificamente de Locke, os artigos de Stanton e Harris relacionam sua reflexão sobre a tolerância às suas considerações acerca da teologia, religião natural e lei natural e, assim, apresentam interpretações ao mesmo tempo mais abrangentes e mais aprofundadas do que aquelas centradas no argumento da inadequação da força, como as de Waldron e de Spitz. Os artigos de Goldie são seminais para a compreensão da*

intolerância (em particular da influência agostiniana) e da controvérsia entre Locke e Proast. Os trabalhos de Nicholson, Tate e Wolfson se dedicam a essa controvérsia, assim como o de Vernon, embora este último seja bem menos historiográfico. Jolley *trata da tolerância com especial atenção ao problema da unidade do pensamento de Locke, ao passo que a introdução de Wootton aborda detalhadamente os* Dois tratados sobre o governo, *mas oferece uma leitura importante da* Carta *e sua relação com o* Ensaio sobre o entendimento humano.

Tolerância e história

BROWING, A. (Ed.). *English Historical Documents, 1660-1714.* London: Eyre & Spottiswoode, 1953. v. VIII.

COFFEY, J. *Persecution and Toleration in Protestant England, 1558-1689.* Edinburgh: Longman, 2000.

JORDAN, W. K. *The Development of Religious Toleration in England.* Cambridge: Harvard University Press, 1932-1940. v. I-IV.

LECLER, J. *Histoire de la tolérance au siècle de la Réforme.* Paris: Albin Michel, 1994 [1955].

WALSHAM, A. *Charitable Hatred: Tolerance and Intolerance in England, 1500-1700.* Manchester: Manchester University Press, 2006.

WATTS, M. R. *The Dissenters: From the Reformation to the French Revolution.* Oxford: Clarendon Press, 1978.

★★★ *Há inúmeros trabalhos historiográficos dedicados à tolerância, mas, para uma visão ampla da tolerância no início da Modernidade, tanto histórica quanto geograficamente, o clássico livro de Lecler continua sendo uma referência. Especificamente quanto à Inglaterra, deve-se destacar o estudo de Jordan, que recobre o período que vai da Reforma a 1660 e se caracteriza por defender uma interpretação com forte viés teleológico e por considerar que, na Restauração, o conceito de tolerância já estava completamente elaborado. O livro de Coffey apresenta um quadro da história inglesa com base nas noções de perseguição e tolerância que avança até a Revolução Gloriosa e que, além de bastante esclarecedor, propõe uma reavaliação do importante (e longo) estudo de Jordan. O livro de Walsham também reavalia o chamado "paradigma Whig" e, em sua introdução, oferece uma valiosa análise das principais obras e linhas interpretativas relativas à tolerância desde o final do século XIX. Quanto aos documentos oficiais desse período, em particular do reinado de Carlos II ao de Ana, a compilação de Browing é talvez a fonte mais acessível. Sobre os dissidentes religiosos, a obra de Watts é a melhor referência.*

Locke e a tolerância (no Brasil)

ALMEIDA, M. C. P. A tolerância e sua medida em John Locke e Pierre Bayle. *Princípios*, v. 17, n. 27, p. 31-52, 2010.

GHIGGI, G.; OLIVEIRA, A. R. *O conceito de disciplina em John Locke: o liberalismo e os pressupostos da educação burguesa*. Porto Alegre: EdiPU-CRS, 1995.

CINTRA, R. S. *Liberalismo e natureza: a propriedade em John Locke*. São Paulo: Ateliê, 2010.

JORGE FILHO, E. J. *Moral e história em John Locke*. São Paulo: Loyola, 1992.

LAGO, C. *Locke e a educação*. Chapecó: Argos, 2002.

NODARI, P. C. *A emergência do individualismo moderno no pensamento de John Locke*. Porto Alegre: EdiPUCRS, 1999.

OSTRENSKY, E. John Locke entre o céu e o inferno. *Integração*, ano 12, n. 47, p. 369-376, 2006.

SANTOS, A. C. John Locke, Edward Bagshaw e a polêmica sobre os indiferentes. In: SANTOS, A. C. (Org.). *Entre a cruz e a espada: reflexões filosóficas sobre a religião e a política*. São Cristóvão: Editora UFS, 2010. p. 57-74.

SANTOS, A. C. John Locke e o argumento da economia para a tolerância. *Trans/form/ação*, v. 36, n. 1, p. 9-24, 2013.

SANTOS, A. C. Os elementos republicanos na tolerância de John Locke. *Kriterion*, n. 130, p. 499-513, 2014.

SANTOS, A. C. John Locke e a diversidade de interpretações. *Sapere Aude*, v. 8, n. 16, p. 469-491, 2017.

SANTOS, A. C. O ateísmo no pensamento político de John Locke. *Kriterion*, n. 143, p. 257-277, 2019.

SANTOS, A. C.; VIANA, M. M. Notas sobre o conceito de coisas indiferentes na *Carta* de John Locke. *Cadernos de Ética e Filosofia Política*, n. 30, p. 127-141, 2017.

SILVA, S. H. S. Entre a razão e a revelação: o paradoxo da filosofia moral e política de John Locke. In: SANTOS, A. C. (Org.). *Entre a cruz e a espada: reflexões filosóficas sobre a religião e a política*. São Cristóvão: Editora UFS, 2010. p. 75-90.

SILVA, S. H. S. *Tolerância civil e religiosa em John Locke*. São Cristóvão: Editora UFS, 2013.

SOUZA, P. C. *A dialética da liberdade em Locke*. Londrina: Eduel, 2003.

*** *No Brasil, publica-se pouco sobre Locke, e a maior parte dos artigos e livros que lhe são dedicados está centrada na política e na epistemologia, outras vezes, ainda na educação. Mesmo considerando-se dissertações e teses, que podem ser inventariadas na Plataforma Sucupira (da Capes), pode-se dizer que os estudos dedicados exclusivamente à tolerância são raros. Nesse sentido, destacam-se o livro de Saulo Silva, além dos artigos de Maria Cecília de Almeida e Eunice Ostrensky e, sobretudo, de Antônio Carlos dos Santos e seus orientandos, como Mykael Viana. Os livros de Clenio Lago, Edgar J. Jorge Filho, Paulo C. Nodari, Paulo C. Souza e Rodrigo S. Cintra, assim como o de Gomercindo Ghiggi e Avelino Oliveira, possuem seções dedicadas à tolerância, mas todos se concentram em outras questões, como indicam seus títulos. Entre eles, o de Jorge Filho é, sem dúvida, o mais abrangente e aprofundado; o de Nodari apresenta um panorama do pensamento de Locke, ao passo que o de Cintra é uma monografia sobre o conceito de propriedade; já os de Ghiggi e Oliveira, Lago e Souza são bastante introdutórios, às vezes com algumas imprecisões.*

Informações biográficas

FOX BOURNE, H. R. *The Life of John Locke*. London: 1876. 2 v.

COSTE, P. Éloge de M. Locke. In: LOCKE, J. *Essai philosophique concernant l'entendement humain*. Traduit par P. Coste. Trosième édition revue, corrigée et augmentée de quelques additions importantes de l'auteur qui n'ont paru qu'après sa mort & de quelques remarques du traducteur. Amsterdam: chez Pierre Mortier, 1735 [1705].

CRANSTON, M. *John Locke: A Biography*. London: Longman, 1957.

DE BEER, E. S. Philippus van Limborch and the Remonstrants. In: LOCKE, J. *The Correspondence of John Locke*. Edited by E. S. De Beer. Oxford: Clarendon Press, 1976-1989. v. II. p. 648-652.

DEWHURST, K. *John Locke, 1632-1704, Physician and Philosopher: A Medical Biography*. London: The Wellcome Historical Medical Library, 1963.

GOLDIE, M. The Life of John Locke. In: SAVONIOUS-WROTH, S.-J.; SCHUURMAN, P.; WALMSLEY, J. (Ed.). *The Continuum Companion to Locke*. London: Continuum, 2010. p. 1-36.

KING, P. *The Life of John Locke with Extracts from His Correspondence, Journals and Commonplace Books*. New Edition with Considerable Additions in Two Volumes. London: 1830 [1829]. 2 v.

LE CLERC, J. Éloge historique de feu Mr. Locke. In: Locke, J. *Œuvres diverses de M. Locke*. Traduit par J. Le Clerc *et al*. Nouvelle édition considérablement augmentée. Amsterdam: chez Jean Frederic Bernard, 1732 [1705]. t. I.

LOUGH, J. *Locke's Travels in France 1675-1679*. Cambridge: Cambridge University Press, 1953.

MILTON, J. R. A vida e a época de Locke. In: CHAPPELL, V. (Ed.). *Locke*. Tradução de G. Rodrigues Neto. Campinas: Ideias & Letras, 2011. p. 17-40. [Original: *The Cambridge Companion to Locke*. Cambridge: Cambridge University Press, 1999.]

ROBBINS, C. Absolute Liberty: The Life and Thought of William Popple, 1638-1708. *The William and Mary Quarterly*, n. XXIV, p. 190-223, 1967.

SIMONUTTI, L. Un acteur et témoin du debat sur la tolérance: William Popple, marchand, écrivan et poète de la liberté. *Q/W/E/R/T/Y*, n. 8, p. 267-272, 1998.

SIMONUTTI, L. Absolute, Universal, Equal and Inviolable Liberty of Conscience: Popple, Locke e il "Dry Club". In: MECHOULAN, H. *et al*. (Ed.). *La formazione storica della alterità: studi di storia della tolleranza nell'età moderna offerti a Antonio Rotondò*. Firenze: Leo S. Olschki, 2001. t. II. p. 707-749.

SPITZ, J.-F. Jonas Proast. In: SAVONIOUS-WROTH, S.-J.; SCHUURMAN, P.; WALMSLEY, J. (Ed.). *The Continuum Companion to Locke*. London: Continuum, 2010. p. 105-107.

WOOLHOUSE, R. *Locke: A Biography*. Cambridge: Cambridge University Press, 2007.

    *** *De Locke, há três biografias principais, escritas por Fox Bourne, Cranston e Woolhouse, além dos elogios de Le Clerc e Coste, publicados um ano depois de sua morte. Há também sínteses muito bem-feitas de sua vida, como a de Milton e, sobretudo, Goldie. Apesar de seu título, o livro de King é, acima de tudo, uma compilação documental (trata-se aqui de Peter King, o sétimo, não mais do Peter King com quem Locke conviveu). O livro editado por Lough é basicamente uma transcrição dos diários referentes ao período em que Locke viveu na França. O livro*

de Dewhurst também traz excertos dos diários, mas se concentra na trajetória médica de Locke. Quanto a Proast, uma boa fonte de informação é o verbete elaborado por Spitz e o já mencionado artigo de Goldie (1993). Sobre Popple, há um estudo biográfico escrito por Robbins, além de duas sínteses elaboradas por Simonutti. Por fim, acerca de Limborch, é bem informativa a nota escrita por De Beer.

Recursos digitais

Bibliografia, Manuscritos e Cronologia: https://openpublishing. psu.edu/locke

Iconografia: https://www.npg.org.uk

Periódico *Locke Studies*: https://ojs.lib.uwo.ca/index.php/locke/index

Projeto Locke Digital: http://www.digitallockeproject.nl

Sociedade John Locke: https://thejohnlockesociety.com

*** *A pesquisa sobre Locke avançou bastante desde a constituição da Coleção Lovelace pela Biblioteca Bodleian, em Oxford. Exclusivamente dedicada ao filósofo, em 1970 foi criada a Locke Newsletter (renomeada Locke Studies em 2001), e, em 2017, o periódico se tornou uma publicação de acesso gratuito. Informes sobre a pesquisa e congressos referentes ao filósofo podem ser obtidos por meio da página da Sociedade John Locke, formada em 2016-2017. O site dirigido por J. Attig, que aprofunda e atualiza seu livro publicado em 1985, é muito útil por listar as mais recentes produções (livros e artigos, mas também palestras), manter uma relação e descrição dos manuscritos e disponibilizar uma cronologia da vida de Locke. Já o Projeto Locke Digital, dirigido por P. Schuurman, contém transcrições e informações muito detalhadas sobre manuscritos selecionados (quase duas dezenas), além da marginália de Locke a livros de John Sergeant (1623-1707) e Thomas Burnet (c. 1635-1715), dois de seus primeiros críticos. No site da National Portrait Gallery, é possível fazer uma busca pelas representações de Locke, como os célebres quadros pintados por John Greenhill (c. 1644-1676) e Michael Dahl (1659-1743).*

Este livro foi composto com tipografia Bembo e impresso
em papel Off-White 70 g/m² na gráfica Rede.